Im Bann des Zauberlehrlings?

Kaspar H. Spinner (Hg.)

Im Bann des Zauberlehrlings?

Zur Faszination von Harry Potter

Verlag Friedrich Pustet Regensburg

Themen der Katholischen Akademie in Bayern

Die Deutsche Bibliothek – CIP-Einheitsaufnahme

Ein Titeldatensatz für diese Publikation ist bei
Der Deutschen Bibliothek erhältlich.

ISBN 3-7917-1772-3
© 2001 by Verlag Friedrich Pustet, Regensburg
Umschlaggestaltung: Treitner Kreation & Kommunikation, München
Gesamtherstellung: Friedrich Pustet, Regensburg
Printed in Germany 2001

Inhalt

Vorwort 7

KASPAR H. SPINNER
Im Bann des Zauberlehrlings. Tiefenpsychologische und lesepsychologische Gründe für die Faszination von Harry Potter   11

DIETER PETZOLD
Die Harry Potter-Bücher: Märchen, *fantasy fiction*, *school stories* – und was noch? 21

GOTTFRIED BACHL
Gefährliche Magie? Religiöse Parabel? Gute Unterhaltung ..   42

FLORIAN SCHULLER
Wie Harry Potter in die Katholische Akademie kam und warum er dorthin gehört. Beobachtungen eines lesenden Pfarrers 60

Vorwort

Am Ende des Jahrhunderts, das vielen Menschen schon als das Ende des Buchzeitalters erscheinen wollte, hat ein spektakuläres literarisches Ereignis die Welt überrascht: Der 1997 erschienene Roman *Harry Potter and the Philosopher's Stone*[1] von Joanne K. Rowling ist zu einem Publikumserfolg ohnegleichen geworden. Vom Grundschulkind bis zum Erwachsenen erstreckt sich die Leser(innen)gemeinde. In den folgenden Jahren erschienen der zweite (*Harry Potter and the Chamber of Secrets*), dritte (*Harry Potter an the Prisoner of Azkaban*) und vierte Band (*Harry Potter and the Goblet of Fire*), letzterer mit einer Startauflage von 5,3 Millionen Exemplaren. Drei weitere Bände sind geplant.
Ein Leseereignis, länder- und generationenübergreifend: Kein Wunder, dass die ausgebrochene Leseeuphorie von einer breiten Diskussion in den Medien und der Wissenschaft begleitet wird. Was hat es mit dem Phänomen *Harry Potter* auf sich, wie ist sein Erfolg zu erklären, wie kommt es zu solchen Geschichten, wie ist ihre Wirkung einzuschätzen? Die Katholische Akademie in Bayern hat eine Tagung zu *Harry Potter* veranstaltet, die solchen Fragen nachging und die zu diesem Sammelband geführt hat. Er vereinigt lesepsychologische, literaturgeschichtliche und theologische Zugänge und dokumentiert so einen interdisziplinären Dialog.
Hexerei und Zauberei sind durch *Harry Potter* in aller Munde. Ist dies ein Zeichen von neuer Irrationalität, gehört die Pottermania zur Esoterikwelle? Manche stellen sich besorgt diese Frage. Auf der Tagung, die mit dieser Publikation dokumentiert wird, wurde deutlich betont, dass Rowlings Zauberwelt nicht irgendwelchen okkulten Bestrebungen entstammt, sondern als eine literarische Spielwelt zu verstehen ist, die phantasiereich und auch mit Ironie entfaltet wird. Dabei verarbeitet die Autorin ein reiches tradiertes Arsenal von Motiven, so dass ihre Romane auch eine Fundgrube für diejenigen ist, die mythologischen und literarischen Zusam-

menhängen nachspüren. Und in vielfältiger Weise spielen Grundfragen das Lebens in Rowlings Büchern eine Rolle, von der Identitätssuche bis zur Auseinandersetzung zwischen Gut und Böse.
Was muss das für eine Frau sein, der dies alles einfällt, hat mich auf der Tagung eine Teilnehmerin gefragt. Rowling, 1965 in der Nähe von Bristol in England geboren, hat schon in jungen Jahren viel gelesen und ihre Eltern haben ihr früh vorgelesen. Sie schrieb schon als Kind Geschichten, lebte oft mehr in der Welt ihrer Phantasien als in der Wirklichkeit. Sie studierte nach der Schule Französisch und Klassische Philologie, arbeitete als wissenschaftliche Assistentin, Sekretärin und Sprachlehrerin in wechselnden Anstellungen. Aus einer nur kurz dauernden Ehe in Portugal stammt ihre Tochter. Die Idee zu *Harry Potter*, ihrem ersten Buch, kam ihr 1990 auf einer Zugfahrt. Fünf Jahre später war das Manuskript fertig. Von Verlagen erhielt Rowling zunächst Absagen für ihren Erstling; umso glücklicher war sie, als das Buch dann von einem eher kleinen Verlag angenommen und in einer Auflage von 500 Exemplaren gedruckt wurde. Dann allerdings ging es recht schnell mit dem Erfolg: positives Echo in der literarischen Kritik, Preise, Übersetzungen, immer rasanter steigende Verkaufszahlen usw.
Wovon handeln die *Harry-Potter*-Bände? Der Leser lernt Harry Potter als ein Waisenkind kennen, das bei Verwandten, einer karikierend spießbürgerlich gezeichneten Pflegefamilie, aufwächst und gegenüber dem leiblichen Sohn der Pflegeeltern völlig benachteiligt wird. Doch es mehren sich die Anzeichen, dass es mit Harry etwas Besonderes auf sich hat. Es stellt sich heraus, dass er eigentlich ein Zauberer ist und dass sein Name in der Zauberwelt bekannt ist, weil er Lord Voldemort, dem Inbegriff des Bösen und Mörder seiner Eltern, als kleines Kind widerstehen konnte. Harry wird in die Zauberschule von Hogwarts, einem Internat, gerufen. In dieser Schule erlernt er die Zauberei und findet Freunde. Da Lord Voldemort ihm nach wie vor nach dem Leben trachtet, ergeben sich immer wieder gefährliche Situationen. Und in jedem Band – jeweils ein Schuljahr umfassend – spitzt sich die Situation kriminalromanartig zu bis zur Auflösung am Schluss. Wie es sich für einen Helden in der Abenteuerliteratur geziemt, geht Harry aus den Gefährdungen und Kämpfen als Sieger hervor.

Für diejenigen, die in die *Harry-Potter*-Welt noch nicht eingeweiht sind, seien die wichtigsten Figuren hier kurz erklärt:

Harry Potter:
> Waisenkind mit magischem Talent, dessen Vater und Mutter schon Zauberer waren. Einjährig übersteht Harry Potter einen Angriff von Lord Voldemort, trägt allerdings eine blitzförmige Narbe auf der Stirn davon.

Vernon und Petunia Dursley mit ihrem Sohn Dudley:
> Pflegefamilie von Harry (Onkel, Tante und Vetter).

Lord Voldemort:
> Böser Magier, der Harrys Eltern getötet hat und alle Macht an sich reißen will.

Dumbledore:
> Leiter der Zauberschule von Hogwarts.

Prof. McGonagall:
> stellvertretende Schulleiterin von Hogwarts und Hauslehrerin des Hauses Gryffindor, eines der vier Häuser, in die Hogwarts aufgeteilt ist. Harry gehört zu Gryffindor.

Snape: ungeliebter Lehrer von Harry.

Madam Pomfrey:
> Leiterin des Krankenflügels von Hogwarts.

Hagrid: Halbriese, Wildhüter in Hogwarts, ein Vertrauter Harrys.

Hermine (engl. Hermione) Granger und Ron Weasley:
> die besten Freunde von Harry in Hogwarts.

Draco Malfoy:
> Schüler in Hogwarts, bösartiger Gegenspieler von Harry.

Arthur und Molly Weasley:
> Eltern von Harrys Freund Ron, die sich auch um Harry kümmern.

Sirius Black:
> Pate von Harry, zu Unrecht des Mordes angeklagt und deshalb längere Zeit im Gefängnis Askaban.

Hedwig: Eule von Harry, die Briefpost holt und wegbringt.

Muggel: die normalen Menschen, die über kein Zaubertalent verfügen.

Anmerkung

1 1998 in den USA unter dem Titel *Harry Potter and the Sorcerer's Stone* und in Deutschland unter dem Titel *Harry Potter und der Stein der Weisen* erschienen.

Literatur

Olaf Kutzmutz (Hg.): Harry Potter oder Warum wir Zauberer brauchen. Wolfenbüttel: Bundesakademie für kulturelle Bildung 2001

Marc Shapiro: L.K.Rowling. Die Zauberin hinter Harry Potter. Nürnberg: Burgschmiet 2000

Kaspar H. Spinner

Im Bann des Zauberlehrlings

Tiefenpsychologische und lesepsychologische Gründe für die Faszination von Harry Potter

KASPAR H. SPINNER

Der Erfolg der *Harry-Potter*-Romane kam für alle Beteiligten völlig überraschend, und er ist bis heute ein ungelöstes Rätsel. Einige Annäherungen an dieses Rätsel sind allerdings möglich. Es gibt für die Lesefaszination, die *Harry Potter* ausübt, mehrere ineinanderwirkende Gründe. In zehn Punkten lege ich dar, welche m. E. aus lesepsychologischer Sicht die wichtigsten sind. Unberücksichtigt lasse ich Fragen der Markstrategie, die auch zum Erfolg der Bücher beiträgt, aber nicht ausschlaggebend ist.

1. Das Spiel mit der Identität

Harry Potter weiß nicht, dass er Harry Potter ist – so könnte man die Ausgangssituation im ersten Band bezeichnen. Er, der unscheinbare, ungeliebte Junge in einer langweiligen Familie, ist ohne sein Wissen bei den Zauberern eine Berühmtheit. Schrittweise erfährt er – und erfährt der Leser – wer er ist.
Die Frage nach der eigenen Identität gehört im Übergang vom Kindes- zum Erwachsenenalter zu den zentralen Problemen der psychischen Entwicklung und wird von den Jugendlichen oft krisenhaft durchlebt. In der Figur von Harry Potter können die Leser an einer solchen Identitätssuche teilhaben; sie finden dabei wieder, was den uneingestandenen Wünschen entspricht, die fast jeder Mensch in sich trägt: Man möchte ein anderer sein als der, der man in der alltäglichen Wirklichkeit ist, und man möchte von anderen erkannt und anerkannt sein. Harry Potter macht genau diese Erfahrung und kann so zur Identifikationsfigur für eine phantasierte Identitätssuche werden.

Dass der Held eines Romans auf der Suche nach seiner Identität ist, kann als ein Grundmotiv von Abenteuerliteratur überhaupt gelten. Exemplarisch ist es z. B. gestaltet im mittelhochdeutschen Epos von Parzival, der am Anfang des Romans auch nicht weiß, wer er ist.

Erwachsene haben sich oft besser abgefunden mit ihrer Identität als Heranwachsende im Alter von Harry Potter. Die Frage nach dem eigenen Ich begleitet den Menschen aber dennoch ein Leben lang und kann in Lebenskrisen in ungebremster Vehemenz jederzeit wieder aufbrechen. Harry Potter als ein Roman der Identitätssuche ist in dieser Hinsicht deshalb auch für Erwachsene attraktiv.

2. Minderwertigkeitsgefühl und Grandiositätsphantasie

Die Frage nach der Identität ist, wie insbesondere in der Tiefenpsychologie (z. B. bei Sigmund Freud, Alfred Adler, Wolfgang Schmidbauer[1]) immer wieder betont wird, verbunden mit Minderwertigkeitsgefühlen und Omnipotenzphantasien; jeder Mensch kennt – oftmals verdrängt – die Erfahrung, dass er schwach, ungeschickt, unsicher, unattraktiv, machtlos ist (oder mindestens zu sein glaubt) und verkannt, missachtet, vernachlässigt wird. Als Kompensation malt man sich in Tagträumen aus, wie es anders sein könnte, und beim Ansehen von Filmen, beim Lesen von Publikumszeitschriften mit ihren Geschichten von Stars und Idolen und beim Lesen von Romanen phantasiert man Stärke, Attraktivität, Bekanntheit usw. In den Märchen finden wir solche Phantasien immer wieder in besonderem Maße ausgestaltet: Der Jüngste, Kleinste, Nicht-Beachtete wird zum siegreichen Helden.

In *Harry Potter* ist das Wechselspiel von Minderwertigkeitsgefühl und selbsterhöhender Wunscherfüllung exemplarisch inszeniert: In seiner Pflegefamilie lebt Harry völlig missachtet, ein richtiges männliches Aschenbrödel; in der Welt der Zauberer aber ist er der Held. Als Beleg, dass eine solche Grundstruktur auch für andere Autoren zu den Wurzeln ihrer literarischen Imagination gehört, zitiere ich eine autobiographische Bemerkung von Paul Maar, einem unserer erfolgreichen deutschen Autoren phantastischer Kinderliteratur:

> Als Kind war ich ein Träumer und gehörte zu den Kleineren und Schwächeren. Mein Vater prophezeite mir, dass aus mir nie etwas Rechtes würde. *Der Eisenhans* wurde damals zu meinem ständigen Begleiter. Wie der Prinz in Grimms Märchen, der seine goldenen Haare unter einem Käppchen verbarg, würde ich meinem Vater eines Tages zeigen, was in mir steckt. (DIE ZEIT Nr 50, 7. Dez. 2000, S. 83)

Der Kleine und Schwache, der sich als ver*kapp*ter Prinz phantasiert – das ist der Stoff, aus dem die phantastische Literatur immer wieder geschaffen ist.

In *Harry Potter* bringt die Autorin in besonders geschickter Weise die Spannung zwischen Minderwertigkeit und Grandiosität immer wieder, in vielen einzelnen Situationen, neu ins Spiel; besonders auffällig geschieht dies etwa durch die Figur des Draco Malfoy, Harrys Gegenspieler in Hogwarts, der immer wieder in herabsetzender Weise auf Harrys Herkunft anzuspielen pflegt. So sieht man hinter dem Helden immer auch den Zurückgestoßenen, der sich aus der Benachteiligung befreit.

Minderwertigkeit und Grandiositätsphantasien sind in der Regel im Alter der Pubertät besonders ausgeprägt; insofern treffen die Potter-Romane die Entwicklungsphase ihrer Hauptlesergruppe. Aber die grundlegenden Entwicklungskrisen und -aufgaben bleiben für jeden Menschen ein Leben lang bedeutsam, da sie nie ganz erledigt und abgeschlossen werden können und oft nur überspielt und verdrängt werden von anderen Entwicklungsaufgaben. Beim Lesen werden sie wieder lebendig – das ist der Grund, warum Jugendliteratur auch für Erwachsene mit Leselust verbunden sein kann.

Wenn man die Aspekte Minderwertigkeit und Grandiosität mit dem zuerst angesprochenen Stichwort der Identität verbinden will, bietet es sich an, vom Spiegelbild des Ich und vom Wunschbild sprechen, die beide im Text inszeniert werden: Man kann lesend sich selbst mit seinen Zweifeln am eigenen Wert wiederfinden und zugleich einem Wunschbild eines besseren Ich nachhängen. Wenn man selbst in seinem Leben die Minderwertigkeitsgefühle erfolgreich zurückgedrängt hat, dann kann es sein, dass beim Lesen das Verdrängte wieder auftaucht und man so seinem abgewandten Schatten-Ich begegnet. Spiegelbild, Wunschbild und abgewandtes Schatten-Ich[2] sind die Projektionsflächen in den literarischen Texten, auf die wir unsere Ohnmacht- und Allmachtsphantasien projizieren.

3. Naive Unbekümmertheit und Klugheit

In die *Harry-Potter*-Bücher ist ein weiteres Spannungsverhältnis eingebaut: Harry Potter besitzt einerseits eine naive Unbekümmertheit und Unerschrockenheit und ist andererseits immer wieder auch der klug Überlegende. Dem Leser stockt oft der Atem, wenn sich Harry – z. B. sogar gegen die ausdrücklichen Vorschriften von Hogwarts – auf gefährliche Zauberabenteuer einlässt. Solche Unbekümmertheit kennen wir vom Märchen und von anderen phantastischen Texten, z. B. von *Alice im Wunderland* (Lewis Carroll) oder von *Krabat* (Otfried Preussler), der trotz Warnungen zur Mühle geht.

Für Kinder gehört das Spannungsverhältnis von Unbekümmertheit und rationaler Kontrolle zu den grundlegenden Entwicklungserfahrungen – und auch Jugendliche und Erwachsene kennen es. Schon früh machen Kinder die schmerzhafte Erfahrung, dass naive Unbekümmertheit negative Folgen haben kann und dass Erwachsene zur rationalen Kontrolle des intuitiven, wunschgeleiteten Verhaltens zu erziehen versuchen. ›Das darfst du nicht machen, das ist gefährlich‹, ›Lass das, das macht man nicht‹ – derartige besorgt warnende und moralisierende Äußerungen hören Kinder immer wieder und erfahren so die Domestizierung ihrer Spontaneität. Im unbekümmerten Helden können sie der Phantasie nachhängen, dass das unbekümmerte, u. U. regelwidrige Verhalten nicht zur Katastrophe führen muss. Die Unbekümmertheit des Helden trägt zum Lesegenuss bei, weil man darauf vertraut, dass Harry Potter letztlich unverletzbar ist.

Aber auch der andere Pol, die Klugheit, kann das Lesevergnügen steigern. Harry Potter findet immer wieder Wege aus den misslichen Situationen – gerade auch wenn er sich in solche selbst hineinmanövriert hat. Die Regulierung von Spontaneität ist zunächst eine Erfahrung der Entmündigung, aber in der klugen Bewältigung von Situationen wird dann auf einer anderen Ebene wieder ein Stück Autonomie und Selbstbestimmung erlebt.

4. Angstlust

Eng verknüpft mit dem Spannungsverhältnis von Unbekümmertheit und Reflektiertheit sind Angst und Mut, die in der Figur von Harry Potter entfaltet werden. Immer wieder gerät Harry in Situationen, die überaus gefährlich sind und bei denen der Leser mit Harry zittert. Sein Mut und das Vertrauen auf den guten Ausgang machen die Angst aber erträglich, ja sie erzeugen, was man in der Lesepsychologie als Angstlust bezeichnet.
Im Mut von Harry Potter erlebt der Leser die Überwindung der Lähmung, die Angst bewirken kann. Im Mut und im eigenen Willen, der mit ihm verbunden ist, ist etwas von kindlicher Unbekümmertheit aufgehoben und zugleich mit Reflektiertheit verbunden.
Ein einfaches Beispiel für die Rolle des Mutes bietet die Szene auf dem Bahnhof. Um auf den Bahnsteig für den Zug nach Hogwarts zu kommen, müssen die Zauberer auf die Absperrung zugehen, als wäre sie nicht da. Hemmungen und Angst müssen also überwunden werden; zugleich ist dieses Zugehen auf die Absperrung eine Überlistung der durch Vorschriften geregelten, verwalteten Welt. Was hier im kleinen Motiv gestaltet ist, gilt für die Grundstruktur der *Harry-Potter*-Welt allgemein: Die Schranken der Alltagsrealität gilt es im Vertrauen, dass nichts Schlimmes passiert, zu missachten und zu überwinden – und sich damit der langweiligen, ängstlichen, reglementierten Welt der Muggel zu entziehen.

5. Elternlosigkeit

Harry Potter ist ein Waisenkind – eine recht spezielle Lebenssituation, könnte man meinen. Aber in dieser Situation spiegelt sich eine Grunderfahrung. Jedes Kind bangt darum, seine Eltern zu verlieren, und zugleich fühlt sich jedes Kind immer wieder weggestoßen von den Eltern, beginnend damit, dass ihm die Mutterbrust nicht immer, wenn es will, zur Verfügung steht. Dass es in der Literatur so viele elternlose Kinder gibt, zeigt, welche zeichenhafte Bedeutung dem Motiv der Elternlosigkeit zukommt.

Elternlosigkeit ist auch ein Symbol für die Notwendigkeit von Ablösung. Die Entwicklung vom Kind zum Erwachsenen ist ein Prozess der Ablösung, des Weggehens, des Verlustes der Aufgehobenheit in der Familie, aber zugleich ist sie Gewinn von Autonomie. Mit *Harry Potter* entwickelt das Kind die Phantasie: Ja, man kann auch ohne Eltern leben.

Mit dem Motiv der Pflegefamilie hat Rowling – ähnlich wie das bei vielen Märchen mit einer Stiefmutter der Fall ist – das ambivalente Verhältnis zu Eltern, das jedes Kind kennt, aufgespalten: Es gibt die guten Eltern, deren Verlust schmerzhaft ist, und es gibt die Ersatzeltern, von denen Harry sich loslösen will. Wunsch nach Geborgenheit und Abgrenzung sind so beide zur Darstellung gebracht. Liebe zu den Eltern ist als Sehnsucht gestaltet, der Hass auf Eltern (der in tiefenpsychologischer Sicht auch gegenüber leiblichen Eltern da ist) wird im Sinne einer Verschiebung auf die Pflegeeltern projiziert. In Sirius Black gibt es auch noch eine Projektionsfigur für einen phantasierten Ersatzvater, den Harry zuerst für seinen Feind hält.

6. Peergroup

Die *Harry-Potter*-Romane sind eine Internatsgeschichte und reihen sich damit in eine verbreitete jugendliterarische Gattung ein, man denke an »Trotzkopf« und entsprechende Mädchenbücher oder an die Bücher von Enid Blyton. Warum gehören ausgerechnet Internatsgeschichten zu den Bestsellern der Kinder- und Jugendliteratur? Sie stellen exemplarisch die Lebensphase dar, in der für die Heranwachsenden die Peergroup wichtig und zu einer Möglichkeit der Abgrenzung vom Elternhaus wird. Die Gruppenprozesse unter Gleichaltrigen können in der Internatssituation fast wie in einem Reagenzglas demonstriert werden. In *Harry Potter* wird dies mannigfach durchgespielt: Es gibt die konkurrierenden Gruppen, es gibt den Zusammenhalt in der Kleingruppe, die Zerwürfnisse, Konkurrenz, Eifersucht, Beleidigung. Und es gibt für Harry Potter auch das Problem, dass er aus der Gruppe herausfällt, weil er jemand Besonderes ist.

Für Jugendliche, die in einer Familie aufwachsen, sind Internatsgeschichten Wunschprojektion eines Lebens, das anders ist als ihr gewohntes, das ihrem Bedürfnis entspricht, unter Gleichaltrigen zu leben, sich in der Gruppe aufgehoben zu fühlen und Abenteuer ohne die ständige Betreuung und Bevormundung durch die Eltern erleben zu können.

7. Sieg über das Böse und den Tod

Zur Entwicklung vom Kind zum Heranwachsenden gehört auch die Erfahrung des Bösen und des Todes. In vielen sog. Initiationsgeschichten werden die Begegnung mit Bosheit und mit dem Tod als Schwellenerlebnisse auf dem Weg zum Erwachsensein dargestellt. In *Harry Potter* spielen tödliche Bedrohung und Auseinandersetzung mit dem Bösen eine zentrale Rolle. Im Sinne der Unterhaltungsliteratur siegt das Gute; Erschrecken, Angst, Wut auf die bösen Mächte und Genugtuung, wenn sie nicht zu ihrem Ziel kommen, können lesend mitvollzogen werden und bilden eine Projektionsfläche für eigene Erfahrungen mit Bosheit. Der Triumph des Guten, der in der Wirklichkeit oft nicht eintritt, kann in der Fiktion genossen werden.
Der Tod ist in Harry Potters Erlebnissen mit dem Bösen verknüpft: Die Inkarnation des Bösen, Voldemort, hat Harrys Eltern umgebracht und trachtet Harry nach dem Leben. Durch diese Koppelung mit dem Bösen wird der Tod in der Fiktion des Romans

besiegbar, und die Angst vor dem Tod kann in Wut auf die Bösen umgepolt werden. In diesem Sinne bieten die *Potter*-Bände eine – natürlich illusionäre – Überwindung der Angst vor dem Tod.

8. Die Verknüpfung von realer und phantastischer Welt

Die *Harry-Potter*-Romane folgen zunächst einem Grundmuster der phantastischen Literatur: Aus der realen Welt tritt der Held in die phantastische Welt über. Aber die Zauberwelt ist nicht nur eine fremde Welt. Vieles ist in ihr genau so wie in der Alltagswelt des Lesers, man denke nur an die Schulsituationen, an die Gruppenbeziehungen, an die unmittelbar nachvollziehbaren Verhaltensweisen von Harry. Der Text liefert so laufend Angebote, Vertrautes in ihm wiederzufinden, und zugleich baut er eine phantastische Szenerie auf. Diese Doppelperspektive ist insbesondere für jüngere Leser von kaum überbietbarem Reiz. Das gilt sowohl für die äußere Situation (Schule, Essenszenen …) als auch für die Hauptfigur Harry, der ein ganz gewöhnlicher Junge und zugleich ein berühmter Zauberer ist. Besonders attraktiv ist offensichtlich auch, wie in vielen kleinen Einzelheiten Vertrautes in phantastischem Gewand erscheint, man denke an die Fackeln als Lampen usw.

Aber nicht nur die Verwandlung ins Phantastische als Spiel mit Überraschungen ist hier zu nennen. Es gibt auch die Umkehrung, es gibt den befremdeten Blick auf die alltägliche reale Welt, die den Zauberern seltsam erscheint (in Hogwarts gibt es sogar Muggelkunde als Schulfach). Wechselseitig verfremden sich Zauberwelt und reale Welt und schaffen so ein Vergnügen der Imagination und Reflexion.

9. Imaginäre Eigenwelt gegen die Unübersichtlichkeit der Wirklichkeit

Als Serie von Bänden schaffen die *Harry-Potter*-Bücher ein kleines Universum einer phantastischen Welt. Diese ist fremd, wird aber dem Leser mit fortschreitender Lektüre immer vertrauter, er kennt sich immer besser aus im Reich der Zauberer. Dass hier eine buch- und immer mehr auch medienübergreifende Vorstellungswelt aufgebaut wird, übt Faszination aus, weil ein Zusammenhang im Imaginären geschaffen wird, fast wie bei einem Mythos. Es gibt heute offensichtlich ein ausgeprägtes Interesse an solchen überschaubaren imaginären Welten; das ist in gewisser Weise eine Kompensation für die immer größere Unübersichtlichkeit der Wirklichkeit. Bei Star Trek, der zweiten großen Imaginationswelt im heutigen Medienangebot, haben wir ein vergleichbares Phänomen.

Die imaginäre Welt bietet auch ein Kommunikationsangebot unter den Lesenden. Kinder, Jugendliche und auch Erwachsene haben ein Thema, über das sie gemeinsam Bescheid wissen. Dass Erzählen Gemeinschaft stiftet – in Zeiten oraler Kultur war diese Funktion zentral – wird durch *Harry Potter* wieder wahr in unserer sonst so disparaten Schrift- und Medienwelt.

10. Humor

Abschließend ist auf den Humor der *Harry-Potter*-Bände zu verweisen. Für Kinder sind vor allem die vielen phantastischen Einfälle der Autorin eine Quelle des Vergnügens. Je älter die Leser sind, desto mehr wird die Ironie wahrgenommen (die übrigens in der englischen Fassung ausgeprägter ist als in der deutschen Übersetzung). Von feiner Ironisierung bis zu sarkastischer Übertreibung reicht die Darstellungsweise der Welt der Muggel, der normalen Menschen. Aber auch die Zauberwelt wird immer wieder mit Ironie bedacht. Sie erlaubt demjenigen Leser, der sich nicht mit voller Identifikation auf den Text einlassen will, sich trotzdem mit gutem Gewissen dem Lesegenuss hinzugeben.

*

Wir sind, ob alt, ob jung, alle lebenslang mit unserer psychischen Entwicklung beschäftigt. Wir antizipieren, was wir sein möchten und könnten und wovor wir uns fürchten; wir durchleben Entwicklungskrisen, wir erinnern uns an Entwicklungsphasen, die wir hinter uns gelassen haben. Und wir haben eine Ahnung davon, wieviel an Unbewältigtem und Verdrängtem in uns steckt. Ein Buch wie *Harry Potter,* das die Entwicklung eines jungen Menschen darstellt, ist aus diesen Gründen für die unterschiedlichsten Lebensalter interessant.

Anmerkungen

1 Z. B. Sigmund Freud: Der Dichter und das Phantasieren. In: Sigmund Freud Studienausgabe, Band X. Frankfurt a.M.: Fischer 1969, S. 169–179. – Alfred Adler: Praxis und Theorie der Individualpsychologie. Frankfurt a.M.: Fischer 1974, vor allem S. 48–52. – Wolfgang Schmidbauer: Die Ohnmacht des Helden. Reinbek b. Hamburg: Rowohlt 1981
2 Die Begriffe entnehme ich Fritz Gesing: Kreativ schreiben. Köln: DuMont 1994, S. 69

Die Harry Potter-Bücher: Märchen, *fantasy fiction*, *school stories* – und was noch?

DIETER PETZOLD

Diskussionen über die Harry-Potter-Bücher kreisen immer wieder um zwei Fragen:
- ›*Wie kommt es zu diesem außerordentlichen Erfolg?*‹ und:
- ›*Sind die Harry-Potter-Bücher wirklich so gut?*‹

Wie so oft erweisen sich scheinbar einfache Fragen bei genauerem Hinsehen als recht kompliziert. Auf die erste kann die Literaturwissenschaft im engeren Sinn höchstens eine Teilantwort liefern; denn dies ist *auch* ein kultursoziologisches Phänomen. Literarische Erfolge dieses Ausmaßes sind undenkbar ohne die modernen Public-Relations-Mechanismen, welche einen Regelkreis bilden, bei dem sich Medien, Verleger und Vermarkter von Nebenprodukten gegenseitig unterstützen. Auf diesen Aspekt soll hier nicht weiter eingegangen werden, ebenso wenig auf jene Wirkungsmechanismen, mit denen sich die Koautoren dieses Bandes beschäftigen. Die Aufgabe dieses Beitrags ist es vielmehr, den literarhistorischen Kontext zu umreißen, in dem die Harry-Potter-Bücher stehen. Dieser Kontext besteht naturgemäß zunächst einmal im Bereich der englischsprachigen Literatur, insbesondere der für Kinder und Jugendliche. Dass die folgenden Textbeispiele vorwiegend aus diesem Bereich stammen, hängt darüber hinaus natürlich auch damit zusammen, dass der Verfasser von Haus aus Anglist ist; gleichwohl soll auch auf deutschsprachige Beispiele verwiesen werden. Der Leser mag sie, da ohnehin immer nur exemplarisch vorgegangen werden kann, aus seiner eigenen Erfahrungswelt nach Gutdünken ergänzen.

Der Sinn dieser Übung wird vielleicht nicht jedem sofort einleuchten. Wozu (könnte man fragen) muss ich über *andere* Bücher belehrt werden, wenn ich mich für das *eine* Buch (bzw. diese eine Gruppe von Büchern) interessiere? In der Tat scheint es wahrscheinlich, dass die meisten Leser (zumal außerhalb Großbritanniens) nichts oder nur wenig über diesen literarhistorischen Kontext wissen: offenbar tut dies ihrem Vergnügen an der Lektüre keinen Abbruch. Wozu also die Fragestellung im Titel? Ist es nicht egal, welches Etikett wir der Sache aufkleben, ob wir die Harry-Potter-Bücher Märchen, Fantasy oder sonstwie nennen?

I. Intertextualität

Der Suggestivfrage wäre entgegenzuhalten, dass Gattungsbezeichnungen nicht nur dazu da sind, das Ordnungsbedürfnis der Gelehrten zu befriedigen. Wir können gar nicht umhin, Texte zu klassifizieren, denn unsere (vielleicht nur unbewusste) Zuordnung eines Textes zu einer Gattung bestimmt die Art, *wie* wir den Text lesen. Jede Gattung erweckt ihre eigenen Erwartungen im Leser und hat ihre eigenen Wirkungsmechanismen. Wir lesen einen Essay anders als einen Liebesroman, ein lyrisches Gedicht mit anderen Erwartungen als ein naturalistisches Drama. Ein Mord hat einen anderen Stellenwert, wenn er in einem Krimi vorkommt, als in einer Tragödie; wieder anders reagieren wir, wenn wir ihm in einem Kinderbuch begegnen.
In der Praxis gibt es aber nun oft genug Texte, auf die – je nach Perspektive – mehrere Gattungsbezeichnungen angewandt werden können. Ist Kleists *Amphitryon* eine Komödie oder eine Tragödie? Ist *Schuld und Sühne* ein Kriminalroman oder ein psychologischer Roman? Vielleicht rührt die Widersprüchlichkeit mancher Kommentare zu den Harry-Potter-Büchern daher, dass man nicht so recht weiß, in welche Schublade man sie stecken soll. Aber es geht ja nicht darum, Ordnung zu schaffen und dem fragwürdigen Objekt ein Etikett aufzukleben, um es *ad acta* legen zu können. Ich möchte im folgenden einige Gattungsbezeichnungen gleichsam ›ausprobieren‹: nicht, um ›die richtige‹ zu finden, sondern weil sie jeweils verschiedene Lesarten, Sichtweisen, Wirkungsmechanismen implizieren. Vielleicht, dass wir so einigen

Gründen für den Erfolg der Harry-Potter-Bücher auf die Spur kommen.

Viele Leser werden Rowlings Erfolgsromane als erfrischend originell empfinden. Aber *kein* Text ist wirklich einzigartig, vollkommen originell. Jeder antwortet gleichsam auf andere, ähnliche Texte, bezieht sie ein, setzt sich von ihnen ab, mal sehr deutlich, mal kaum wahrnehmbar, mal ganz bewusst, mal eher zufällig. Anders wäre eine Gattungszuordnung gar nicht möglich; doch sind solche Bezüge nicht an Gattungsgrenzen gebunden. Die Literaturwissenschaft hat zur Bezeichnung dieses Sachverhalts den Begriff *Intertextualität* eingeführt.[1] Intertextualität schließt den Gattungsbegriff ein, ebenso wie solche literarische Phänomene wie *Zitat, Anspielung, Parodie, Pastiche* und *Plagiat*. Dabei geht es nicht allein um ›Beeinflussung‹. Intertextualität meint mehr: dass nämlich jeder Text ein Geflecht von literarischen Bezügen ist, unabhängig davon, ob der Autor durch und in seinem Text auf solche Bezüge hinweist oder nicht, ja sogar unabhängig davon, ob sich der Autor solcher Bezüge bewusst ist oder nicht. Jeder Text, so Roland Barthes mit einer einprägsamen Metapher, ist eine »Echokammer«, in der zahllose andere Texte nachhallen.[2]

Um noch ein wenig im Bild zu bleiben: Es ist klar, dass verschiedene Leser eines Textes mehr oder weniger von diesem Echoeffekt mitbekommen, und dass jeder Leser andere Echos hört. Wenn ich im folgenden auf einige solcher Echos in den Harry-Potter-Bücher hinweise, so geschieht dies in der Hoffnung, damit die Sensibilität und also das ästhetische Vergnügen des Lesers zu erhöhen. Ob Ms Rowling von diesem Kollegen ›beeinflusst‹ wurde oder jene Kollegin gar ›plagiiert‹ oder doch nur zitiert hat, spielt dabei keine wichtige Rolle. Die Frage ist nicht, wie der *Prozess* des Schreibens vonstatten geht, sondern wie das *Ergebnis* des Schreibens, der Text, funktioniert.

II. Die Harry Potter-Bücher als Märchen und als phantastische Erzählungen

Ausgangs- und Endpunkt unserer Beobachtungen sei der Text selbst. Beginnen wir – wie es sich gehört – am Anfang. Im ersten Kapitel des ersten Bandes – *Harry Potter und der Stein der Weisen* – wird uns die Familie Dursley vorgestellt und von einigen merkwürdigen Ereignissen berichtet. Der Roman beginnt folgendermaßen:

> *Mr. und Mrs. Dursley im Ligusterweg Nummer 4 waren stolz darauf, ganz und gar normal zu sein, sehr stolz sogar. Niemand wäre auf die Idee gekommen, sie könnten sich in eine merkwürdige und geheimnisvolle Geschichte verstricken, denn mit solchem Unsinn wollten sie nichts zu tun haben.*[3]

Wir beobachten *en passant*, dass hier ganz konventionell erzählt wird: die Erzählerin spricht mit fester Stimme, mit Autorität. Sie weiß Bescheid, kennt ihre Figuren nicht nur aus- sondern auch inwendig. Weiter unten auf derselben Seite spricht sie von »unsere[r] Geschichte«, die an einem trüben und grauen Dienstag beginnt: sie hat sich als Erzählerin etabliert, Kontakt aufgenommen mit ihren Zuhörern. Der Text stellt sich damit in die Traditionslinie auktorialen Erzählens – eine Linie, die sich in der Kinderliteratur länger gehalten hat als in der Literatur für Erwachsene, aber heute auch dort schon eher die Ausnahme als die Regel darstellt.

Dies nur nebenbei; worauf es mir ankommt, ist etwas anderes. Schon in diese ersten beiden Sätzen wird ein Gegensatz etabliert, der die Struktur des gesamten Werkes bestimmt. Das *Normale*, Alltägliche wird dem *Merkwürdigen*, Mysteriösen gegenübergestellt – und zwar so, dass das letztere abgewertet, ja abgewehrt wird. Allerdings nur in den Augen der Dursleys, die dem Leser schon aus diesem Grund unsympathisch erscheinen werden. Schließlich liebt der Leser – jedenfalls der implizite Leser dieses Buchs – das Seltsame, Wunderbare; tut er es nicht, hält er es für Unsinn, wird er das Buch schnell aus der Hand legen.

Denn die Harry-Potter-Bücher leben ja gerade aus diesem Gegensatz von Normalität und Außergewöhnlichem, von Vertrautem und Unerhörtem, von Möglichem und Unmöglichem – kurz, von

Realität und *Phantastik*. Sie aus diesem Grunde als *Märchen* zu bezeichnen, ist möglich, aber ungenau; und das nicht nur, weil das Märchen eigentlich eine erzählerische Kurzform ist. Das Märchen im engeren Sinne – das Zaubermärchen à la Grimm, Geschichten wie »Hänsel und Gretel«, »Froschkönig«, »Schneewittchen und die sieben Zwerge« – kennt diese Spannung zwischen Normalität und Wunderbarem nicht. Seine Welt ist ungeteilt, oder doch so unauffällig geteilt, dass die Trennungslinie nicht wahrzunehmen ist. Es ist eine sehr simple Welt, die nur aus wenigen unspezifischen Versatzstücken zusammengebaut ist: Hütte und Schloss, Fluss, Berg, Wald. Das Wunderbare beginnt gleich hinter der Hütte, am Waldrand.

Damit ist nicht gesagt, dass die Harry-Potter-Bücher nicht Märchen*motive* enthalten: schließlich begegnen uns Zauberer und Hexen, sprechende Tiere und wundersame Verwandlungen hier wie dort. Neben solchen inhaltlichen Motiven gibt es auch solche, die man als strukturell bezeichnen könnte: zum Beispiel, dass der Held aus niedrigsten Verhältnissen stammt und doch ein Auserwählter ist, dass er Aufgaben erfüllen muss und dass ihm hierfür magische Helfer zur Seite stehen.[4]

Als wesentlicher (und nicht nur äußerlicher) Unterschied bleibt dennoch die Tatsache, dass in den Harry-Potter-Büchern – anders als im Märchen – zwei Welten neben-, in- und miteinander existieren, sich berühren und überlagern und einander doch fremd bleiben. Rowlings Bücher sind daher auch anders als jene Romane, die vollständig in einer anderen Welt spielen und für die eigentlich der Begriff ›Fantasy Fiction‹ reserviert bleiben sollte: Texte wie etwa Tolkiens *The Lord of the Rings* (1954/55, dt. *Der Herr der Ringe)* oder Terry Pratchetts »Scheibenwelt«-Romane.[5]

In der Forschung ist des öfteren versucht worden, etwas Ordnung in die Vielfalt nicht-realistischer Erzählformen zu bringen, indem man nur solchen Geschichten, die (wie die Harry-Potter-Bücher) das Spannungsverhältnis zwischen der Alltagswelt und einer Welt des Wundersamen, Übernatürlichen, ganz Anderen thematisieren, den Begriff des Phantastischen zugeordnet hat. Auch wenn sich diese Sprachregelung nicht auf breiter Ebene durchgesetzt hat, möchte ich hier daran festhalten. Ich bezeichne also die Harry-Pot-

ter-Bücher zunächst einmal als *phantastische Erzählungen*, weil sie sich durch das Neben- und Ineinander zweier Welten auszeichnen, der *Normalwelt* (der Welt der »Muggels«) und einer *Anderen Welt* (der Welt der Zauberer).
Das Gegenüberstellen zweier so definierter Welten ist natürlich keine originäre Erfindung J. K. Rowlings; es ist aber auch kein besonders altes Phänomen in der Literaturgeschichte. Sehen wir von frühen versprengten Einzeltexten ab, so lässt sich aus geistesgeschichtlicher Perspektive sagen: Die Herausbildung der phantastischen Erzählung als Gattung setzt die Etablierung eines empiristischen, rationalistischen Wirklichkeitsbegriffs voraus, den wir der Aufklärung verdanken. Zugleich manifestiert sich in der Gattung aber auch jene Kritik am platten Rationalismus, welche uns die Romantik bescherte. Aus den beiden kontrastierenden Sichtweisen erwächst eine charakteristische Ambivalenz in den einschlägigen fiktionalen Texten. Das Nicht-Normale, Ganz Andere wird oft als Störung der rationalen Ordnung dargestellt und erscheint daher bedrohlich oder doch zumindest beunruhigend; es hat aber auch etwas Aufregend-Verlockendes. Im Schauerroman etwa eines Matthew Gregory Lewis (*The Monk*, 1796, dt. *Der Mönch*) oder – hundert Jahre später – eines Bram Stoker (*Dracula*, 1897) wird dieses Ganz Andere mit dem Bösen identifiziert (das seinerseits mit triebhafter Sexualität assoziiert wird). Bei E.T.A. Hoffmann erscheint es ambivalenter und damit vielleicht noch unheimlicher. Der Schauerroman lebt natürlich weiter (z. B. in den Werken des amerikanischen Bestsellerautors Stephen King, der übrigens auch von Jugendlichen rezipiert wird) und wird zu einem Lieblingskind des Films. In seinem Dunstkreis entstehen außerdem zahllose Gespenstergeschichten – alles Schallquellen, welche im Echoraum der Harry-Potter-Bücher widerhallen.
E.T.A. Hoffmann ist wohl der erste, der das spannungsvolle Nebeneinander von Normalwelt und Übernatürlichem in die Kinderstube trägt. Sein *Nussknacker und Mausekönig* (1816) mag weniger unheimlich sein als seine Erzählung vom *Sandmann* aus demselben Jahr; verstörend wirkt auch diese Geschichte. In der englischen Kinderliteratur taucht die phantastische Erzählung erstmals 1852 auf; bis zum Jahr 1919 erschienen mindestens 115 einschlägige Titel.[6]

Eine Erweiterung des Suchraums bis in unsere Zeit würde zweifellos ein Vielfaches dieser Zahl ergeben. Ich greife nur einige wenige Texte heraus, von denen ich annehme, dass sie weithin bekannt sind, um an ihnen die Bandbreite der Möglichkeiten zu demonstrieren, wie man das Spannungsverhältnis von Normalwelt und Anderer Welt gestalten kann. Kennzeichnend für alle diese Beispiele – wie für die phantastische Erzählung für Kinder überhaupt – ist, dass die Andere Welt nicht bedrohlich in die Ordnung der Normalwelt einbricht, sondern sich eher als eine verlockende Option anbietet. Als eine Welt der Abenteuer hebt sie sich positiv von der langweiligeren Alltagswelt ab. Dementsprechend wird der Übergang von der Normalwelt in die Andere Welt auch weniger als angsterregend denn als angenehmer Nervenkitzel empfunden.

Vielleicht die berühmtesten phantastischen Geschichten in englischer Sprache, sicherlich aber die am meisten kommentierten, sind *Alice's Adventures in Wonderland* (1865; dt. *Alice im Wunderland*) und *Through the Looking-Glass and What Alice Found There* (1872; dt. *Alice hinter den Spiegeln*) von Lewis Carroll (d.i. Charles Lutwidge Dodgson). Sehen wir uns (unter Vernachlässigung vieler anderer Aspekte) das Verhältnis zwischen Normalwelt und Anderer Welt an. Erstere tritt in den Alice-Büchern nur am Rande in Erscheinung, am Anfang und Ende jeder Geschichte: eine idyllische, wenngleich etwas langweilige Mittelklasse-Kinderwelt. Der Übergang in die Andere Welt führt in einem Fall durch ein Kaninchenloch, im anderen durch einen Spiegel. Beide Male wird das Erlebnis als Traum wegrationalisiert, allerdings erst im Nachhinein. Die Andere Welt erscheint – je nach Blickwinkel und Episode – sowohl komisch als auch unheimlich. Die grotesken Wunderland-Figuren erweisen sich bei genauerem Hinsehen als satirisch verzerrte Erwachsenenbilder, betrachtet aus kindlicher Perspektive: übelgelaunte Besserwisser und Herumkommandierer, irrwitzige Haarspalter und Unsinn quatschende Schwadroneure. Auch wenn sie sich selbst lächerlich machen und sich am Ende als harmlos erweisen, haben sie doch auch etwas Bedrohliches an sich. Im übrigen sind beide Bände literarische Echokammern, angefüllt mit literarischen Anspielungen, Zitaten und Parodien; viele der Wunderland-Figuren stammen aus bekannten Kinderreimen.

Mein zweites Beispiel ist eigentlich ein Theaterstück: *Peter Pan* von James Matthew Barrie. Es wurde 1904 uraufgeführt, war sofort erfolgreich und machte den schottischen Autor weltberühmt. Eine Erzählfassung erschien erstmals 1911.[7] Peter Pan ist eine übernatürliche Figur in Gestalt eines kleinen Jungen, der den drei Kindern der Familie Darling (die im zeitgenössischen London leben) erscheint, ihnen das Fliegen beibringt und sie mitnimmt in sein Reich, die Insel Never-Never-Land (Niemalsland). Diese Insel ist mit nichts anderem als Versatzstücken der Märchen- und Abenteuerliteratur bevölkert: Feen, Meerjungfrauen, Indianer, Piraten. Die Tätigkeit der Kinder dort sind im Grunde nur Rollenspiele, wobei allerdings die Grenze zwischen Realität und So-tun-als-ob absichtlich verwischt wird. Für den erwachsenen Leser ist diese Andere Welt damit deutbar als Allegorie der kindlichen Phantasietätigkeit. Das spielende oder Geschichten hörende Kind, so wird angedeutet, lebt in einer eigenen Welt, in der es seine ungeniert egoistischen Wunschträume ausspinnen kann. Vom Erzähler wird diese Phantasietätigkeit mit einer eigentümlichen Mischung aus Ironie und Nostalgie betrachtet.

Mein drittes Beispiel sind die aus sieben Bänden bestehenden »Narnia Chronicles« (1950–56) des in Oxford wirkenden Literaturprofessors und Schriftstellers C. S. Lewis (übrigens auch ein persönlicher Freund Tolkiens). Lewis ist einer der wenigen Autoren, über die sich J. K. Rowling in Interviews positiv geäußert hat. Narnia ist der Name der Anderen Welt, in die eine kleine Gruppe von Kindern jeweils am Anfang eines Bandes den Weg finden – durch einen Schrank, mit Hilfe eines Zauberrings, durch eine Tür in einer Gartenmauer, durch ein Bild. Die Kinder erreichen dieses Land an verschiedenen Stellen und zu verschiedenen Zeitpunkten seiner Geschichte; stets aber ist Narnia – wie Carrolls Wunderland und Barries Niemalsland – eine Echokammer. Diese ist angefüllt mit Figuren aus dem Fundus der phantastischen Weltliteratur: Faune, eine Hexe, Zwerge, Zentauren, Einhörner, sprechende Tiere. Weit weniger als bei Carroll und Barrie ist Lewis' Welt jedoch ein Symbol der *kindlichen* Phantasietätigkeit. Sie ist eine Welt der Mythen, und diese werden von dem bekennenden Christen Lewis sehr ernst genommen – als Kulturerbe und als Manifestationen des menschlichen Dranges, zu einer metaphysischen Wirklichkeit vorzustoßen. Die zentrale Figur in Narnia ist der Löwe Aslan, unmissverständlich eine Christusfigur. Bereits der erste Band, *The Lion, the Witch and the Wardrobe* (dt. *Der König von Narnia*), ist lesbar als eine Übertragung der christlichen Doktrin von Sündenfall und Erlösung in die Form einer phantastischen Abenteuergeschichte. Im Gegensatz zu Carroll und Barrie geht es bei Lewis stets auch um moralische Entscheidungen mit schwerwiegenden Folgen, welche die Kinder treffen müssen.

Viele weitere Beispiele könnten genannt werden. Wenigsten kurz erwähnt sei *Die unendliche Geschichte* von Michael Ende, wo das Nebeneinander der beiden Welten schon durch das Druckbild signalisiert wird: rot für die alltägliche Welt, grün für die Andere Welt, Fantásien. Auch diese Andere Welt ist eine Echokammer ersten Ranges – ja geradezu ein Symbol für die Gesamtheit der Erzeugnisse der menschlichen phantastischen Fabulierkunst. Der spielerisch-eklektische Umgang mit diesen Elementen verdeckt nicht das ernsthafte Anliegen: die Welt – unsere Welt – braucht die Phantasie, um zu überleben, um nicht in herz- und geistlosem Nützlichkeitsdenken zu ersticken. Eine ähnliche Botschaft hat auch *Haroun and the Sea of Stories* (1991; dt. *Harun und das Meer der Geschichten*) von Salman Rushdie. Auch dort repräsentiert die Andere Welt – der Mond Kahani – die Welt der Phantasie, und wieder dient die Reise des Helden dazu, in der Anderen Welt die Ordnung wiederherzustellen und damit zugleich die Eigene Welt vor der geistigen Verödung zu bewahren.

Der Vergleich mit anderen prominenten Repräsentanten der Gattung *phantastische Erzählung für Kinder* lässt nun die Eigenheiten der Harry-Potter-Bücher deutlich hervortreten.

1. Die Andere Welt – die Welt der Zauberer – ist in den Harry-Potter-Büchern *räumlich nicht prinzipiell von der Alltagswelt getrennt*. Dennoch bleibt sie den meisten ›normalen‹ Menschen verborgen. Sie ist wie eine Subkultur, die man nicht wahrnimmt und die etwas Geheimbündlerisches an sich hat. Zugleich wirkt sie *de facto* doch wieder wie ein eigener Kosmos, da der Haupt-

schauplatz die Schule Hogwarts ist, die nur über eine magische Schwelle (Bahnsteig 9 ¾) und durch eine längere Reise erreicht werden kann.
2. Von den ›normalen‹ Menschen – konkret: den Dursleys – wird die Welt der Zauberer als ein Störfaktor in der rationalen Weltordnung angesehen und als etwas Unheimliches tabuisiert. Schon im zweiten Kapitel tritt jedoch ein Perspektivenwechsel ein. Aus der Sicht Harrys bedeutet die Existenz der Zauberer, und seine Zugehörigkeit zu ihrer Welt, eine *Befreiung von der bedrückenden Normal-Welt*. Der Geheimbund-Aspekt verliert durch den Perspektivenwechsel seinen sinisteren Charakter: die Welt der Zauberer bietet Harry Geborgenheit, menschliche Wärme, klare Ordnungsstrukturen und obendrein Prominenz, Popularität, Bewunderung, Freundschaft, kurz: eine enorme Aufwertung der eigenen Persönlichkeit. Auch für den Leser, der unweigerlich Harrys Perspektive übernimmt, besitzt sie ›Insider-Appeal‹: die Chance, sich einer Gruppe von Eingeweihten zugehörig zu fühlen. Welcher Harry-Potter-Fan möchte sich schon als ›Muggel‹ sehen?
3. Allerdings wird das Element des Unheimlichen, Bedrohlichen damit nicht eliminiert; es erscheint neu als Problem *innerhalb* der Anderen Welt. (Ob bzw. inwiefern davon auch die ›Normalwelt‹ betroffen ist, bleibt bis jetzt offen.)
4. Auch diese Andere Welt erweist sich als vollgestopft mit Figuren und Motiven aus der phantastischen Weltliteratur – mehr noch als bei Carroll, Barrie und Lewis und selbst bei M. Ende. Um nur einige zu benennen (ohne Anspruch auf Vollständigkeit):
Aus dem internationalen Fundus von Mythen: Phönix, Zentauren, Hippogreif, Basilisk, Sphinx, Tritonen (Meermenschen), Einhörner, Drachen;
aus der germanischen Sagenwelt: Gnome, Kobolde, Hauselfen, Trolle, Riesen;
aus der Schauerliteratur (die sich ihrerseits aus der Sagenwelt speist): Poltergeist, Gespenst, Werwolf, Vampir;
aus dem Komplex ›Magie‹ (einem kulturhistorischen Phänomen, das sich in den verschiedensten Arten von Texten manife-

stiert): Zauberer, Hexen, und ihre Künste: Heilung, magische Kräuter, Verwandlung, magische Ortswechsel, Hellsehen; aus der Science Fiction: Zeitreise.

Aus der Fantasy-Literatur bzw. phantastischen Kinderbüchern schließlich stammen einzelne Motive, die wir spezifischen Texten zuordnen können. Die Peitschende Weide z. B. und die Riesen-Spinne Aragog erinnern an die lebenden Bäume bzw. an die monströse Spinne Shelob in Tolkiens *Der Herr der Ringe*. Magische Süßigkeiten kommen auch in Roald Dahls *Charlie and the Chocolate Factory* (1964, dt. *Charlie und die Schokoladenfabrik*) vor, ein fliegendes Auto in Ian Flemings Kinderbuch *Chitty-Chitty-Bang-Bang* (1964; besser bekannt durch die Filmversion, für die Roald Dahl das Drehbuch schrieb). Bizarre Fabelwesen finden wir auch schon in Carrolls Alice-Büchern, z. B. das rätselhafte Monster Jabberwock.

5. Viele neuen Ideen, für die sich keine literarische Parallelen finden lassen, erinnern zumindest an Elemente unserer alltäglichen Wirklichkeit. Die beweglichen Bilder, das Tagebuch und die Landkarte, auf denen Schriftzeichen und Figuren erscheinen, weisen z. B. Ähnlichkeiten mit modernen Erfindungen auf dem Computersektor auf; die Dementoren verkörpern (nach Rowlings eigener Auskunft) die Erfahrung einer psychischen Depression.

6. Entscheidend für die besondere Qualität der Harry-Potter-Bücher ist der *spielerische Umgang mit all diesen Elementen*. Der (durchaus richtige) Eindruck von Originalität und Frische beruht nicht nur auf Rowlings neuen Erfindungen, sondern auch auf der souveränen und zugleich unbekümmerten Kombination wohlbekannter Motive. Dabei ist der Umgang mit den Versatzstücken der phantastischen Literatur oft spielerisch, aber nur selten ausgesprochen burlesk. Die wundersamen Geschehnisse behalten ihren Zauber, die schrecklichen ihren Schrecken. Dennoch kann man eine gewisse distanzierte, ironische Grundhaltung spüren, was die Harry-Potter-Bücher ein Stückchen in den Dunstkreis postmodernen Erzählens rückt.

7. Die Darstellung der Anderen Welt erschöpft sich nicht im Spielerischen. Ihre Bedeutung – ihr Bezug zu unserer Welt – ist

allerdings auch nach vier Bänden noch nicht klar zu erkennen. Bisher scheint das Schicksal der Normalwelt nicht abhängig zu sein von dem, was in der Anderen Welt geschieht. Für eine Heilsfunktion der Anderen Welt (wie wir sie bei Ende und Rushdie vorgefunden haben) gibt es bisher keine Anzeichen. Ebenso sperrt sie sich gegen eine Deutung als Allegorie der Phantasie. Deutlich ist, dass die Andere Welt – wie bei C.S. Lewis – Austragungsort fundamentaler Konflikte und damit moralischer Bewährung ist. Hierzu werde ich am Ende noch einige Beobachtungen anstellen.

III. Die Harry Potter-Bücher als satirisch-komische Erzählungen

Kehren wir zurück zu unserem Text. Der zweite Absatz im ersten Kapitel von *Harry Potter und der Stein der Weisen* lautet folgendermaßen:

Mr. Dursley war Direktor einer Firma namens Grunnings, die Bohrmaschinen herstellte. Er war groß und bullig und hatte fast keinen Hals, dafür aber einen sehr großen Schnurrbart. Mrs. Dursley war dünn und blond und besaß doppelt so viel Hals, wie notwendig gewesen wäre, was allerdings sehr nützlich war, denn so konnte sie den Hals über den Gartenzaun recken und zu den Nachbarn hinüberspähen.

Rowling verzichtet auf Illustrationen. Diese sind auch nicht nötig, denn wir können uns die beiden lebhaft vorstellen. Die körperlichen Merkmale bilden einen grotesken Gegensatz: die Dursleys sind Karikaturen. Der erste Eindruck bestätigt sich im folgenden überdeutlich. Die Dursleys – übrigens die einzigen Repräsentanten der Muggel-Welt, die Gestalt gewinnen – sind archetypische Spießbürger, selbstgefällig und selbstgerecht, phantasie- und humorlos, eingeigelt in ihrer kleinen Welt, in absurder Affenliebe fixiert auf ihren einzigen Sohn, den sie hemmungslos verwöhnen und zu einem Scheusal von kindlichem Egoismus und Hinterhältigkeit heranziehen.

Hier liegt offenbar ein satirisches Bild vor, dem man Mangel an

Subtilität vorwerfen kann, aber wohl kaum an Treffsicherheit. Dennoch mag ein so negatives Bild von einer Familie manchen Eltern bedenklich erscheinen. »Was darf die Satire?« fragte Kurt Tucholsky 1919 rhetorisch und antwortete lapidar: »Alles«.[8] Gilt das auch für Kinderbücher? Anhänger der romantischen Fiktion von der kindlichen Unschuld (also die meisten von uns) zweifeln gerne an der Fähigkeit von Kindern, mit aggressiven Formen von Humor umzugehen. (Sie sollten sich einmal auf unseren Schulhöfen umhören.[9]) Aber Kinderbücher werden vorwiegend von Erwachsenen gekauft; vielleicht ist deshalb Satire, insbesondere der despektierliche Blick auf die Erwachsenenwelt, in der Kinderliteratur selten. Eine herausragende Ausnahme ist Roald Dahl, der immer wieder negative Erwachsenenbilder geradezu genüsslich ausgemalt hat und dabei auch vor Eltern und anderen nahen Verwandten nicht Halt macht: so z. B. in *James and the Giant Peach* (1961, dt. *James und der Riesenpfirsich*), *George's Marvelous Medicine* (1981, dt. *Das Wundermittel*) und *Matilda* (1988). Im übrigen findet sich das Motiv des misshandelten Waisenkinds – nicht weniger drastisch, aber ohne satirische Komik – auch schon bei Charles Dickens, vor allem in *Oliver Twist* (1839) und *David Copperfield* (1850). Und natürlich gestalten auch Märchen dieses Thema, wie die Beispiele »Hänsel und Gretel« und »Aschenputtel« belegen.

Auch bei der Darstellung der Anderen Welt kommen satirische Verfahren zur Anwendung. In gewisser Hinsicht ist Rowlings Welt der Zauberer ein Zerrspiegel der realen Welt, der dazu dient, aus der Realität vertraute Phänomene in einem komischen Licht erscheinen zu lassen. So wird in *Harry Potter und die Kammer des Schreckens* der Starkult aufs Korn genommen, in *Harry Potter und der Feuerkelch* die parteiliche Sensationspresse. Hermines unglückliche Agitation für die Hauselfen im selben Band kann man als einen satirischen Seitenhieb auf den blinden Aktivismus naiver Weltverbesserer ansehen.

Auch die Instrumentalisierung des Phantastischen zu satirischen Zwecken ist natürlich nicht neu. *Locus classicus* für diese satirische Strategie ist *Gulliver's Travels* von Jonathan Swift (1729, dt. *Gullivers Reisen*), wo z. B. das Land Liliput ein Spiegelbild Englands ist. Schon dort wurde in der Rezeption die satirische Absicht oft übersehen zugunsten des Abenteuerlichen und Wunderlichen; ein Schicksal, das auch die zweite große satirische Allegorie der englischen Literatur ereilt hat, George Orwells *Animal Farm* (1945, dt. *Die Farm der Tiere*). Bei Rowling ist die Satire offensichtlich nicht Hauptanliegen, sondern eher Beiwerk, von geringerem Stellenwert auch als bei ihren zeitgenössischen Kollegen Douglas Adams und Terry Pratchett.[10] Wichtiger scheint mir, dass die zahllosen Parallelen zwischen Normalwelt und Anderer Welt auf weite Strecken (aber nicht durchgängig) eine spielerisch-heitere Grundstimmung erzeugen: der Leser ist eingeladen zu einem Spiel, bei dem es Ähnlichkeiten zu entdecken gilt und Vertrautes verfremdet und damit in einem komischen Licht erscheint.

In diesem Zusammenhang sind auch die suggestiven Eigennamen beinahe aller Figuren zu erwähnen – ein Stilmittel, das vor Rowling bereits Dickens zur Meisterschaft gebracht hatte und das z. B. auch Roald Dahl anwendet. Sie stellen übrigens ein Übersetzungsproblem dar, das die deutsche Version nur in wenigen Fällen befriedigend gelöst hat. Dort bleiben die meisten Namen unverändert, wodurch zwar das englische Flair erhalten bleibt, aber z. B. nicht deutlich wird, dass z. B. der Name des Professors Snape mit ›Schlange‹ assoziiert ist (engl. *snake*) oder dass ›Hogwarts‹ an ›Schwein‹ (engl. *hog*) und an ›Warze‹ (engl. *wart*) erinnert.[11]

IV. Die Harry Potter-Bücher als *school stories*

Ein wichtiger Punkt in Rowlings Erfolgsrezept ist (wie viele Kritiker bereits bemerkt haben), dass die Harry-Potter-Bücher vorwiegend an einer Schule spielen. Dabei ist auch die Idee einer Zauberschule keineswegs neu. Dass Zaubern eine Kunst ist, die man erlernen muss und die moralische Festigkeit verlangt, wissen wir mindestens seit Goethes »Zauberlehrling«. Eine Kritikerin spricht von »Dutzenden« von Kinderbüchern, in denen Zauberschulen vorkommen, nennt allerdings keine Titel und nur eine Autorin, Diana Wynne Jones.[12] Zu erwähnen ist auf jeden Fall daneben die »Unseen University«, welche z. B. in *Equal Rites* (1987, dt. *Das Erbe des Zauberers*) und in einigen anderen »Scheibenwelt«-

Romanen des Fantasy-Kultautors Terry Pratchett eine wichtige Rolle spielt.

Um die entsprechenden Echos in den Harry-Potter-Bücher deutlich zu hören, müssen wir jedoch den Fantasy-Bereich der Literaturgeschichte verlassen. Die Schule – genauer: das Internat – als Handlungsraum von Kinderbüchern hat in England eine Tradition, die mit dem Jahr 1857 beginnt. *Tom Brown's Schooldays* wurde von Thomas Hughes geschrieben, um seinem Sohn die Angst vor dem Eintritt in die *public school* von Rugby zu nehmen. Hughes etablierte damit eine Gattung, die besonders um die Jahrhundertwende und in der ersten Hälfte des 20. Jahrhunderts florierte.[13] Einen wichtigen Anteil an der Popularität der Gattung hatten dabei Trivialformen, die als Fortsetzungsgeschichten in Jugendmagazinen erschienen.[14] Auch die populäre Kinderbuchautorin Enid Blyton bediente sich gern der Konventionen der *school story*; ihre einschlägigen Bücher sind hierzulande als »Hanni und Nanni«-Serie bekannt.

Auf Lehrinhalte wird in der klassischen *school story* kaum eingegangen, umso mehr auf die moralische Erziehung. Eine zentrale Rolle spielen dabei das Präfekten-System und der Sport. Letzterer dient nicht nur der Körperertüchtigung, sondern vor allem der Erziehung zu Mut und Verantwortungsbewusstsein, Teamgeist und *fair play* – Qualitäten, die vor allem im Kontext der imperialen Aufgaben Englands von Wichtigkeit waren. Der pädagogische Anspruch der frühen Texte tritt allerdings in den späteren Fortsetzungsgeschichten in den Hintergrund. Auf Realismus kommt es dort nicht an. Man bedient sich vielmehr eines Arsenals von Standardfiguren und -situationen: Der junge Held, der sich gegen tyrannische Mitschüler (bullies) durchsetzen muss, der Präfekt als Symbolfigur der Selbstverwaltung, der schwache, schutzbedürftige Mitschüler, der Streber, der Hausmeister, der gehässige Lehrer, der gottgleich über allem thronende Schulleiter.

Der *school story* haftet etwas Altmodisches, Viktorianisches an, wenngleich es viele (auch gelungene) Versuche gibt, die Gattung zu modernisieren. Rowling allerdings bedient sich ungeniert der alten Klischees. Ob man dabei ein gewisses ironisches Lächeln wahrnimmt, hängt vom Betrachter ab. Immerhin: Hogwarts ist eine Gemeinschaftsschule, wodurch zwanglos auch Probleme zwischengeschlechtlicher Beziehungen behandelt werden können (deutlich in *Harry Potter und der Feuerkelch*); und Rowling belebt das Interesse an Sport durch die brillante Idee des Quidditch-Spiels.

Die Attraktivität der *school story* für junge Leser liegt vermutlich in der Geschlossenheit der literarischen Schulwelt. Sie ist abgeschirmt von den Problemen der Außenwelt und ermöglicht so die Konzentration auf relativ einfache zwischenmenschliche Probleme, wie sie Schüler tagtäglich (auch in modernen Schulen) erfahren. Es ist überdies eine übersichtliche Welt mit relativ simplen Regeln, die zu brechen immer neue vergnügliche Wege gefunden werden, während moralische Grundnormen wie Ehrlichkeit, Verantwortungsbewusstsein und Fairness immer aufs Neue bestätigt werden.

V. Die Harry Potter-Bücher als Detektivgeschichten und Agentenromane

Für die Begründer der Gattung *school story* war die Vermittlung moralischer Werte Anlass genug zum Schreiben, und der Schulalltag an einer *public school* exotisch genug, um das Interesse der Leser zu gewinnen. Die späteren Serienautoren mussten sich etwas einfallen lassen, um ihre Endlos-Geschichten immer wieder aufregend und spannend zu gestalten.

Eine Möglichkeit war die Verbindung mit einem Kriminalfall. Diese Verbindung bietet sich an, denn auch die Detektivgeschichte liebt den geschlossenen Raum als Handlungsort. Schon Sir Arthur Conan Doyle, und erst recht Agatha Christie wählen gern das Landhaus als Ort für ihre *country-house crossword puzzles*; die Schule ist mindestens seit Dorothy Sayers' *Gaudy Night* (1935, dt. *Aufruhr in Oxford*) als Schauplatz in der klassischen Detektivgeschichte etabliert. Die folgende Inhaltszusammenfassung dieses Klassikers der Detektivliteratur dürfte bei Harry-Potter-Lesern ein *déjà-vu*-Erlebnis auslösen:

Gaudy Night spielt in einem Mädchencollege in Oxford […]. Harriet Vane – erfolgreiche junge Autorin von Detektivgeschichten [...] – nimmt an einem Treffen in Shrewsbury College teil, wo sie früher studiert hat. Dort gehen unheimliche Dinge vor sich, und da die Leitung des College das Aufsehen scheut, das bei einer polizeilichen Untersuchung unvermeidlich wäre, wird Harriet gebeten, sich als Detektivin zu betätigen. Zuerst erhalten Schülerinnen und Lehrkräfte anonyme Drohbriefe, dann findet man eine Strohpuppe von einem Messer durchbohrt am Dachbalken der Schulkapelle hängen, und nachts geht ein unheimlicher Poltergeist um, der die Einrichtung demoliert. Eine Studentin wird durch diesen Nervenkrieg fast zum Selbstmord getrieben, und Harriet entgeht mit knapper Not einem Mordanschlag.[15]

Die strukturellen Ähnlichkeiten mit den Harry-Potter-Büchern, insbesondere *Harry Potter und die Kammer des Schreckens*, fallen ins Auge. Auch hier wird durch die sorgfältig inszenierte Folge von ebenso rätselhaften wie schrecklichen Ereignissen eine Atmosphäre der Bedrohung aufgebaut: Es beginnt mit der hasserfüllten Stimme, die Harry hört. Dann folgt das warnend-drohende Menetekel an der Wand, dessen Schrecken von der versteinerten Katze unterstrichen wird. Als nächstes wird während eines Quidditch-Spiels ein Anschlag auf Harry verübt, und ein Junge wird versteinert aufgefunden. Die drei Freunde versuchen mit Zaubertrank und magischem Tagebuch, den Geheimnissen auf die Spur zu kommen. Spinnen fliehen den Ort in Scharen, Hermine wird versteinert, usw.

Ähnliche Strukturen (wenn auch nicht immer so deutlich ausgeprägt) finden wir auch in den anderen Harry-Potter-Büchern. Rowling verwendet die Abfolge von Rätseln als probates Mittel der Spannungserzeugung. Gegenüber dem klassischen Detektivroman besteht allerdings ein wichtiger Unterschied: der Held (und Aufklärer) ist selbst involviert, ist eigentliches Ziel der kriminellen Attacken, während der klassische Detektiv den Fall gerade deshalb lösen kann, weil er Außenseiter ist. Es geht auch gar nicht um die Aufklärung, sondern um die Verhinderung eines Verbrechens, um die Abwehr einer heimtückischen Attacke. Insofern kann man auch eine Ähnlichkeit mit Agentenromanen à la James Bond erkennen, welche den Held im Kampf mit einem undurchsichtigen

Verbrechersyndikat zeigen. Wie der Super-Agent wird Harry mit einer unlösbar scheinenden Aufgabe konfrontiert, auf eine Spur gesetzt, in eine Falle gelockt usw. Mit Hilfe von Freunden und Verbündeten besteht er alle Gefahren; den letzten Showdown allerdings muss er allein bestehen.

VI. Die Harry Potter-Bücher als *heroic fantasy* und als Bildungsroman

Doch auch diese Gleichung geht nicht restlos auf. Die klassische Detektivgeschichte ist allein auf die *Aufklärung* des Verbrechens konzentriert; das Tatmotiv kommt nur insofern ins Spiel, als seine Kenntnis der Aufklärung dient. Der Super-Agent muss sich abgefeimter Schurken erwehren; deren Beweggründe interessieren höchstens am Rande. Über das Wesen des Bösen wird nur selten nachgedacht. Als prinzipiell dem Realismus verpflichtete Gattungen behandeln Detektiv- und Agentenromane partikulare Fälle, von denen aus eine Verallgemeinerung zwar möglich, aber nicht strukturell angelegt ist.

Anders die *fantasy fiction*: da ihr Bezug zur Realität weniger deutlich ist, legt sie eine Interpretation nahe, welche das Einzelne, die spezifische Geschichte, als Repräsentant von etwas Allgemeinem, Ideellen zu deuten versucht. Plakativ ausgedrückt: in der realistischen Fiktion geht es um den Kampf einzelner ›guter‹ Menschen gegen einzelne ›böse‹ Menschen, in der *fantasy fiction* (insbesondere jener Spielart, die als *heroic fantasy* bezeichnet wird) geht es um dem Kampf zwischen Gut und Böse.

Nehmen wir als Beispiel Tolkiens *Herr der Ringe*. Die Geschichte spielt in einer Anderen Welt; aber diese muss – bei aller Phantastik – unweigerlich Ähnlichkeiten mit unserer Welt aufweisen. Eine Gleichsetzung der Geschehnisse in Middle-earth mit bestimmten realen Ereignissen oder Phänomenen würde jedoch zu kurz greifen. Tolkien hat sich zu Recht gegen eine vorschnelle Allegorisierung seiner Geschichten gewehrt, wie es etwa die Identifizierung des Reiches Saurons mit der Sowjetunion wäre. Er spricht lieber von ›Anwendbarkeit‹ (*applicability*) und deutet damit eine viel weitere, allgemeinere Interpretationsmöglichkeit an.[16] Viel stärker als die realistische Fiktion beschäftigt sich die *fantasy fiction* (übrigens auch die *science fiction*) mit abstrakten Ideen und Konzepten und ist insofern ›philosophischer‹ als jene. Damit tritt der ideologische Charakter der Literatur deutlich hervor: sie transportiert und propagiert – ob bewusst oder unbewusst – bestimmte Haltungen und Werte. Zu fragen ist daher immer, *wie* das Gute und das Böse dargestellt sind, worin ihr Wesen besteht, auf welchen philosophischen Grundlagen die moralischen Entscheidungen der Figuren ruhen.

In Rowlings Fall ist ein abschließendes Urteil natürlich nicht möglich, solange nicht alle Bände vorliegen. Die Autorin scheut sich nicht, tief in die Mottenkiste der Schauerliteratur zu greifen, wenn es darum geht, den Erzbösewicht Voldemort und seine Helfershelfer zu beschreiben. Von diesen Äußerlichkeiten abgesehen, schält sich immerhin heraus, dass es das Streben nach absoluter Macht ist, was die Vertreter des Bösen antreibt. Hierin liegt eine Parallele zu Tolkiens *Herr der Ringe* und z. B. auch zu George Orwells Anti-Utopie *Nineteen Eighty-Four* (1949, dt.*1984*) . Anders als bei Tolkien aber wird dieses Machtstreben bisher nicht moraltheologisch begründet (Machtstreben als Folge der *superbia*, des Wunsches nach Gottgleichheit) und auch nicht psychologisch wie bei Orwell (Machtstreben als Sadismus). Die politische Signifikanz jedoch erkennen wir bereits, wenn wir die bisher sichtbaren Spielarten des Machtstrebens im Lager der Negativfiguren betrachten: Malfoys Snobismus etwa, und den Rassismus, der sich in Angriffen gegen die Zauber-Mischlinge, die »mudbloods«, äußert.

Was sich darüber hinaus abzeichnet, ist eine Konzentration auf die Verführungskraft und die Ambivalenz des Bösen. Andeutungen hierauf finden wir bereits in der simplen Existenz des Hauses Slytherin; in den ambivalenten Rollen von Figuren wie Snape und Sirius Black; in Harrys Fähigkeit, die Sprache der Schlangen zu verstehen; in der Identität der Zauberstäbe von Harry und Voldemort. Wie es scheint, ist Harry nicht nur einer Gefahr von außen ausgesetzt, sondern auch einer Gefahr gleichsam von innen, der Gefahr nicht der Vernichtung, sondern der Korruption durch das Böse. Die Detektivarbeit Harrys dient letzten Endes der Aufdeckung solch geheimer Zusammenhänge. Sie ist zugleich eine Suche nach dem Vater und ein Prozess der Ich-Findung.

Die Vergangenheit spielt für Harry eine Schlüsselrolle. Indem er herausfindet, wer oder was ihn bedroht, erhält er zugleich Informationen über seine Eltern. Es erweist sich (vor allem in *Harry Potter und der Gefangene von Askaban*), dass Harrys Schicksal eng mit Dingen verknüpft ist, die sich eine Generation früher in Hogwarts abspielten. Was Harry Stück für Stück aufdeckt, ist die Geschichte einer Freundschaft, die zerbricht und in erbitterten Hass umschlägt. Damit deutet sich an, welcher Art die Gefahr ist, die ihn ›von innen‹ her bedroht. Die Freundschaft zwischen Harry, Ron und Hermine und ihre Gefährdung in *Harry Potter und der Feuerkelch* erscheint unter diesem Aspekt in einem neuen Licht.

Harry beginnt seine Karriere in Hogwarts mit einer spontanen, instinktiven Entscheidung gegen das Haus Slytherin. Obgleich sie immer wieder den Eindruck erweckt, als sei alles in Harrys Leben vorbestimmt, bekräftigt Rowling damit doch die Existenz der Willensfreiheit. Die Autoritätsfigur Dumbledore spricht es am Ende von *Harry Potter und die Kammer des Schreckens* deutlich aus: »Viel mehr als unsere Fähigkeiten sind es unsere Entscheidungen, Harry, die zeigen, wer wir wirklich sind.«[17] Harrys spontane Entscheidung für das Gute am Anfang seiner Karriere in Hogwarts zeugt von seinem angeborenen *moral sense*, seiner kindlichen Unschuld. Welchen Anfechtungen diese noch ausgesetzt sein wird, bleibt abzuwarten. Man muss jedoch kein Prophet sein, um vorauszusagen, dass er sich letztendlich für Mitmenschlichkeit und Nächstenliebe entscheiden wird und auf diese Weise das Böse zwar nicht besiegen, aber doch seine Macht einschränken wird. Schließlich verdankt er sein Leben einem Akt bedingungsloser Liebe.

Wem diese moralische Botschaft zu platt erscheint, der möge bedenken: der Eindruck von Plattheit entsteht erst durch eine Interpretation, welche ihr alleiniges Ziel in der Formulierung einer ›Moral von der Geschicht‹ sieht. Ließe sich eine Geschichte auf ihre Nutzanwendung, auf einen Lehrsatz reduzieren, dann wäre sie überflüssig. Entscheidend für die Bewertung kann nicht allein die Lehre sein, die einer Geschichte zu entnehmen ist; entscheidend ist das gesamte Leseerlebnis, die ästhetische Erfahrung, welche der Text ermöglicht. Mir scheint, dass sich die Harry-Potter-Bücher hinsichtlich der Komplexität dieser ästhetischen Erfahrung nicht zu verstecken brauchen.

Anmerkungen

1 Vgl. *Ulrich Broich* und *Manfred Pfister* (Hgg.), Intertextualität. Formen, Funktionen, anglistische Fallstudien. Tübingen, 1985 sowie: *Graham Allen*, Intertextuality, London 2000.
2 *Roland Barthes*, Roland Barthes: Über mich selbst, München 1978, 81. Zitiert in Broich/Pfister, Intertextualität, 12.
3 *Joanne K. Rowling*, Harry Potter und der Stein der Weisen. Aus dem Englischen von Klaus Fritz. Hamburg 1998, 5.
4 Vgl. *Max Lüthi*, Das europäische Volksmärchen. Form und Wesen, 5. Aufl. München 1985.
5 Von Terry Pratchett sind bisher 25 Fantasy-Romane erschienen, die in der von ihm erfundenen »Scheibenwelt« spielen. Der erste war *The Colour of Magic* (1983, dt. *Die Farben der Magie*).
6 *Erhard Dahl*, Die Entstehung der Phantastischen Kinder- und Jugenderzählung in England, Paderborn 1986, 167–171.
7 Eine gute deutsche Übersetzung erschien erst spät: *James M. Barrie*, Peter Pan. Deutsch von Bernd Wilms, Hamburg 1988.
8 *Kurt Tucholsky*, Was Darf die Satire? In: Schloß Gripsholm – Panter, Tiger & Co., Rowohlt 1993, 213–215.
9 Vgl. *Helmut Fischer*, Die »andere« Komik. Spott über Erwachsene in der mündlichen Kinderliteratur, in: Komik im Kinderbuch, Hg. Hans-Heino Ewers, Weinheim 1992, 59–73.
10 Douglas Adams ist der Autor des Science-Fiction-Kultbuchs *The Hitchhiker's Guide to the Galaxy* (1979, dt. *Per Anhalter ins Weltall*). Zu Pratchett s. Anm. 5.
11 Eine Erklärung sämtlicher Namen in den Harry-Potter-Büchern findet sich in: *Rudolf Hein*, Kennen Sie Severus Snape? <http://www.rudihein.de/hpwords.htm>.
12 *Maria Nikolajeva*, How to Create a Success: The Harry Potter Phenomenon. The SDSU Children's Literature Program, <http://www-rohan.sdsu.edu/dept/english/childlit/showcase/harry_potter.htm>.
13 Zur Geschichte der Gattung *school story* vgl. *Isabel Quigley*, The Heirs of Tom Brown: The English School Story, London 1982.
14 Z. B. Talbot Baines Reeds *The Fifth Form at St Dominic's* in *The Boy's Own Paper*, 1881–2 und die »Billy Bunter«-Geschichten, die »Frank Richards« [d.i. Charles Hamilton] von 1908 an bis in die 1960er Jahre hinein produzierte. Vgl. *Humphrey Carpenter* und *Mari Prichard*, The Oxford Companion to Children's Literature, Oxford 1984, s.v. ›school story‹.
15 Kindlers Neues Literatur Lexikon, Bd. 14, München 1988, 838.
16 Vgl. *J. R. R. Tolkien*, Foreword, in: The Lord of the Rings, Part One: The Fellowship of the Ring, London 1991, 11–13.
17 *J. K. Rowling*, Harry Potter und die Kammer des Schreckens, Hamburg 1999, 343.

Gefährliche Magie?
Religiöse Parabel?
Gute Unterhaltung

GOTTFRIED BACHL

Alle »Lesefrüchte«, die bei der Lektüre der Harry-Potter-Geschichte[1] vom Baum gefallen sind, habe ich in fünf Schachteln getan. In diesen krame ich jetzt und breite Einiges vor Ihnen aus. Dabei verzichte ich auf alle magischen Künste, obwohl mir an manchen Stellen ein Fragenbändigungszauber sehr willkommen gewesen wäre. Dass ich von Schachteln spreche, ist eine Nachgiebigkeit gegenüber der »Hogwartskultur«, in der die Technik nur bis zur Dampfmaschine und zu einigen Oldtimern zugelassen ist. In Wirklichkeit steckt das ganze Zeug, das ich gesammelt habe, in den Dateien meines Computers.
Ich öffne also gleich die

Erste Schachtel

Die Harry-Potter-Geschichte soll mit der theologischen Brille gelesen werden, um zu erfahren, ob es darin religiöse Elemente gibt, wie sie vorkommen, ob sie für den ganzen Zusammenhang eine Bedeutung haben oder keine. Daher ist es angebracht, zuerst die Welt zu betrachten, die in der Erzählung erscheint.
Wir kennen im Groben das Konzept, das in der biblischen Tradition entworfen wurde, den pyramidenhaften Aufbau des Ganzen: Gott – Engel – Menschen – Tiere – Pflanzen – Dinge. Das steht wie eine Kathedrale oder wie ein weites geräumiges Gerüst, in dem die Phantasie Reisen unternehmen kann, eine Gelegenheit, die in Dichtung, Legende, Sage, Märchen oftmals genützt wird. Dieses Bild täuscht jedoch, denn vor den Augen des Glaubens steht keine

überblickbare Gestalt, kein Kontinuum. Zwischen der Sphäre Gottes und der Sphäre der Geschöpfe ist ein unendlicher Unterschied aufgerissen. Die Dimension Gottes kann von der Erde her nicht geradeaus begangen werden. Im Vergleich zu Gottes Welt ist die Welt, in der sich Harry Potter bewegt, ein kleines Segment, ad hoc adaptiert für die Geschichte, die erzählt wird. Da sind die normale Muggelwelt und die außergewöhnliche Zauberwelt die zwei Seiten einer Wirklichkeit. Der Verkehr zwischen den beiden Zonen fließt durch eine Art Drehtür, es ist *ein* Raum, der alles, die gewöhnliche und die ungewöhnliche Abteilung umfasst, vielleicht ist er in sich gekrümmt. Die andere, zauberhafte Seite ist zwar der alltäglichen Erfahrung entzogen, aber doch nur eine Wendung dieser Welt, eine Rückseite der Vorderseite, nicht ein *drüben* oder gar ein *droben*, kein religiöses Jenseits.

In welchem Sinn soll das Zauberreich eine *bessere* Welt sein? Sowohl die Autorin wie die Leserschaft scheinen zu glauben, dass sie einen Blick in die höhere Qualität tun, wenn sie sich der Geschichte hingeben. Wo aber liegt diese Etage? Wir haben bestimmt nicht eine Dichtung des christlichen Himmels vor uns, nicht das biblische Paradies, auch nicht eine verpflichtende Utopie in moderner Bedeutung. Das Schema und die entscheidenden Faktoren der Lebenswirklichkeit sind für Muggel und Zauberer gleich: Tod, materielle Bedingung des Lebens, Anfälligkeit des Leibes, Ängste der Seele, Unwissen, Dummheit, Zufälligkeit bedrängen beide Klassen. Auch der Zeitfluss ist unumkehrbar, es gibt nur im dritten Band eine kleine Ausnahmegenehmigung für *Hermine*. Kein Wunder, dass man auch hier nicht auf das furchtbare Gefängnis *Askaban* verzichten kann, und keine Rede davon, dass damit ein Zielzustand erreicht wäre. Die Erwartung, das Märchen werde eine grüne, heile heimelige Natur blühen lassen, wird ziemlich schroff enttäuscht. Die Pflanzen und tierischen Lebewesen sind, soweit sie ausdrücklich geschildert werden, allesamt seltsam, grotesk, aggressiv, unheimlich, gefährlich, viel mehr ein Spiegel der harten Mutter Erde, wie die Muggel sie kennen, als ein Traum vom friedlich gemütlichen Garten. Die obere Schicht der Menschen- und Geisterwesen besteht gleichfalls aus sehr gemischten Typen. Das Personal der Religionen tritt nicht auf, kein Gott, keine Götter,

Engel, Teufel, Dämonen, Heilige, auch keine religiösen Funktionäre wie Priester, Theologen, Rabbis, Schriftgelehrte, Gurus, Schamanen. Die Bevölkerung besteht aus lauter Laien. Die Menschen bilden wohl auf Grund ihrer gemeinsamen Konstitution die Menschheit, aber es gibt zwei Gruppen, die Muggel und die Zauberer, dazwischen Mischlinge. Die Geschichte präsentiert außerdem eine Unmenge an Zwischen- und Sonderwesen, die zum großen Teil in der Tradition der Märchen vorhanden sind, zum kleineren aber auch neu erfunden werden. Sie sind mit allen Graden der Wunderlichkeit und Gefährlichkeit ausgestattet. Daher gibt es sogar den *Ausschuss für die Beseitigung gefährlicher Geschöpfe*. Der Hauptgrund für die höhere Qualität der Zaubermenschen liegt wohl schlicht in ihrer Fähigkeit zum *magischen Handeln*, die das Ganze unterhaltsam macht. Ich habe versucht, mich in dem verworrenen Sprachgebrauch zum Thema *Magie* zurechtzufinden und will Ihnen die hauptsächlichen Markierungen nennen, damit wir nicht einfach die Nebelhaftigkeit wiederholen, die meistens herrscht und zu allerhand bodenlosem Tiefsinn verleitet. Im allgemeinen Sinn heißt *magisches Handeln:* An die Stelle frei gewollter und frei wirkender Handlungen tritt die zwingende Aktion und die daraus fließende Automatik garantiert, dass gewünschte Ziele, seien sie sakraler oder profaner Art, mit Sicherheit erreicht werden. Die automatische Kraftwirkung ist in der alten klassischen Magie an den exakt vollzogenen Ritus, an die Zauberformel gebunden, den Spruch oder den Gestus. Kulturphilosophen[2] haben gezeigt, dass dieses Handlungsschema eine starke Ähnlichkeit hat zum Handlungsschema der modernen Technik.

Magisches Handeln kommt in diesem abstrakten Sinn nicht vor, sondern erscheint immer in konkreten Zusammenhängen. Ich nenne zuerst die *theurgische (= götterzwingende) Funktion*. In ihr wird das magische Handeln zum totalen Prinzip des Verhaltens zur Welt und zu den überweltlichen Mächten. »Der Magier sieht sich nicht als Teil im Zusammen- oder Gegeneinanderwirken numinoser Mächte, sondern als ihr Meister.«[3] Der Dr. Faustus repräsentiert diesen Typus.

Es gibt aber auch die *theozentrische* Zuordnung magischen Handelns, in dem es nur eine regionale Bedeutung hat. In der biblischen (und islamischen) Religion ist der Verkehr mit dem ewigen Gott ganz und gar unmagisch auf den Vollzug der Freiheit gestellt, als freie Zuwendung und freie Antwort. Im Rahmen dieser absoluten Unverfügbarkeit kann magisches Handeln im Bereich der Geschöpfe vorkommen, wenn Menschen auf Dinge und Lebewesen einwirken, wie Aaron vor dem ägyptischen Pharao mit seinem Stab zaubert, der plötzlich zur Schlange wird.[4]

In einer dritten Variante erscheint magisches Handeln als *profane Spielform* des Umgangs mit der Welt, weder theurgisch noch theozentrisch bestimmt, sondern aus den religiösen Zusammenhängen gelöst, ganz für sich genommen, als Instrument der literarischen Darstellung verwendet. Harry Potters Zauberei gehört zu dieser dritten Art. Sie gefällt offenbar sehr vielen als Gegenspiel zur allermodernsten Technik. Rowling schreibt keine antimoderne Parabel naiver Maschinenfeindschaft, sondern zielt auf bestimmte Formen und sucht mit krassen Kontrasten gut zu unterhalten. Dazu dient die großväterliche Umständlichkeitsapparatur aus dem Zeitalter der Dampflokomotiven und die Konstruktion von zauberhaften Apparaten wie dem Flugbesen. Eine wirkliche Entgrenzung der normalmenschlichen, also muggelhaften Phantasie, eine Öffnung des Traumhorizonts, der Vermutungskraft oder gar eine Einweisung in das tiefe Mysterium der Welt geschieht nicht.

Die Autorin lässt es genug sein mit einer Steigerung der Komplexität der Wirkweisen, der Eigenschaften an Dingen und Lebewesen: Also höheres Tempo, andere, verblüffende Methoden der Fortbewegung, neue Instrumente, rasante Spiele, unterhaltsame Wiederholung der Muggelwelt in einem Internat mit ziemlich stur organisiertem Unterricht und konsequenter Hausordnung. Vielleicht ist es einfach lustiger, aus solchen Kulissen auf die Welt zu schauen, vielleicht ist Hogwarts ein Aussichtspunkt, auf den sich die Erzählerin stellt, um einen amüsierten, ironischen Blick auf die Normalseite des Lebens zu werfen?

Was sieht sie? Wir machen uns kundig in der

Zweiten Schachtel

In der Zauberwelt des *Harry Potter* steht keine Moschee, keine Pagode und auch nirgendwo eine christliche Kathedrale. Die Religion kommt im direkten Sinn, als »Lebensgestalt« nicht vor: Nicht in der Architektur, nicht im Ritus, als Glaube, heiliges Personal, sakrale Handlung, Stimmung und Atmosphäre, weder in subjektiver noch in objektiver Erscheinung, weder praktisch noch theoretisch. Nur einmal ist beiläufig die Rede von einem Kirchengebäude.[5] Das scheint eine bewusste Entscheidung der Autorin zu sein. Es geschieht ungeheuer viel in den vier Bänden, die bisher erschienen sind, die Zauberer tun dauernd tausend Dinge, aber sie vollziehen keine religiösen Akte, sie beten zum Beispiel nie. Weihnachten in Hogwarts ist ein Fest profaner Folklore mit Geschenken, üppigem Essen, Feiern und Ferien. Es gibt dazu keinerlei religiöse Kennzeichnung oder Konnotation. Immerhin wird einmal das Lied *Ihr Kinderlein kommet* erwähnt[6]. Ähnliches gilt für die Feste Ostern und Halloween. Übliche Redensarten wie *Gott sei Dank!* oder das traditionelle Muster des *fetten Mönches*[7] ändern nichts an diesem Befund.

Im ersten Band wird der Kampf um den *Stein der Weisen* erzählt, der auf Hogwarts in einem Versteck bewacht wird. Die Erzählerin bedient sich eines Motivs aus der Tradition der Alchemie, das seit eh und je von einer starken Aura des Geheimnisvollen begleitet ist. Mit Hilfe dieser künstlichen Materie soll es möglich gewesen sein, unedle Metalle in reines Gold umzuwandeln und außerdem die Dauer des menschlichen Lebens auf Erden zu verlängern oder unbegrenzt zu machen. Die Alchemie war seit ihren Ursprüngen eine religiös bewegte Suche nach den Kräften und Zusammenhängen der Natur, des Lebens und des Kosmos. Auch der Stein der Weisen galt nicht einfach als ein magisches Zaubermittel, sondern seit dem Mittelalter als Gabe Gottes, die allein dem wahrhaft gläubigen, sittlich wie religiös gereiften Menschen zuteil werden kann. Sie kommt zustande durch eine freie Zuwendung Gottes, der sein Geheimnis dem menschlichen Suchen öffnet.[8] Erst in der europäischen Neuzeit wurden diese religiösen Zusammenhänge beiseite gelassen und die esoterischen, mysteriösen, abergläubischen Züge hervorgehoben, so dass *Alchemie* oft ein Name für finstere, schädliche oder jedenfalls unschickliche oder gar verbotene Zauberei wurde. Die Harry-Potter-Geschichte folgt diesem Zug; aus dem reichen, vielfältig verzweigten Kontext sind die simplen Eigenschaften des Steins, *Gold machen* und *Leben verlängern*, übrig geblieben. Sie sind für die schlichte Dramatik der Erzählung sehr brauchbar. Alles andere fällt weg, und ich meine, dass es auslegungstechnisch nicht sinnvoll ist, dieses reiche Hintergrund-Material heranzukarren und wieder in den konkreten Text zurückzustopfen. Daraus könnte höchstens eine nachträgliche Bedeutungsdichtung entstehen, in der mit den Mitteln einer Eintopfhermeneutik alles mit allem verrührt wird. Dann kann aus der Lily Potter, der Mutter Harrys, schon deswegen ein Symbol für die Auferstehung Christi werden, weil sie *Lily* heißt, was so viel wie *Maiglöckchen* bedeutet.[9] Die selektive Aufnahme von Überlieferungen ist ein Element an der Erzählstrategie der Autorin, das ernst genommen werden muss.

Die religiöse Sphäre kann man noch angedeutet sehen, wenn die Autorin den Tod erwähnt. Das menschliche Leben ist auch in der Zauberwelt streng befristet und steht unter dem dunklen Vorzeichen, dass man einmal gewiss aus dem Dasein scheidet. Aber *wie* kommt der Tod vor? Er ist ein Element an der Lebensstimmung, eher an ihrem Rand plaziert, in den Szenen des Kampfes, des Abenteuers, immer wieder als harte Möglichkeit nahe hereinbrechend. Der Tod ist die äußerste Form der Schädigung, die Muggel und Zaubermenschen einander und anderen Lebewesen (dem Einhorn) antun können. Figurationen des Todes gehören zur Zauberwelt: die Todesfee, die Dementoren, die Todesser, das dunkle Mal. In grotesker, wohl auch ironisch gemeinter Art führt die Erzählung die Region der Totengeister vor. Der stilistische Geschmack gerät dabei aus der Balance, die sonst den Text auf beachtlichem Niveau hält. Das Bild der getöteten Eltern Harrys, die ihm immer wieder erscheinen, ist dagegen eine Art Erinnerungsikone, die dem Jungen das Opfer ihrer Liebe gegenwärtig macht, ihn antreibt und zugleich schützt. Aus welcher Zone sie erscheinen, ob sie mehr sind als ein Traumbild, eine jenseitige Existenz haben, ist vom Text aus kaum zu entscheiden.[10]

Der konkret gestorbene Tod kommt einige Male vor. *Frank Bryce*, der Gärtner im Haus Riddle, wird von Voldemort umgebracht. Der Hogwartsschüler *Cedric Diggory* (Haus Hufflepuff) wird beim trimagischen Turnier getötet, er stirbt den abenteuersportlichen Heldentod. Die Reaktion darauf zeigt kein religiöses Wort oder einen entsprechenden rituellen Gestus, nur Trauer und allgemeines Lob des Toten wird ausführlich geboten. *Nicolas* und *Perenelle Flamel* sind im Besitz des Steines der Weisen, mit dessen Wirkung uralt geworden (666 und 658 Jahre) und werden sterben, weil der magische Stein beim Kampf Harrys mit Voldemort vernichtet wird. Das ist eine Entscheidung *Dumbledores*, des alten, weisen Leiters der Hogwartsschule. Von ihm kommt aus diesem Anlass die einzige Äußerung über einen möglichen Sinn des Todes: »… für Nicolas und Perenelle ist es im Grunde nur, wie wenn sie nach einem sehr, sehr langen Tag zu Bett gingen. Schließlich ist der Tod für den gut vorbereiteten Geist nur das nächste große Abenteuer.«[11] Das könnte der Gedanke an die Entelechie der Unsterblichkeit sein oder die Möglichkeit einer Seelenwanderung. Aber es bleibt vorläufig bei diesem vagen Hinweis und bei der Möglichkeit, dass die Toten in unserer Erinnerung weiterleben.[12]

Der Horizont des Auferstehungsglaubens ist damit gewiss nicht geöffnet, wie überhaupt die Frage nach dem Grund des Ganzen nicht gestellt wird. Sollte sie bei der Lektüre entstehen, ist die Leserschaft für eine Antwort an sich selbst verwiesen. Bemerkenswert ist noch die Begründung, die Dumbledore für die Zerstörung des Steins der Weisen gibt: »Weißt du, eigentlich war der Stein gar nichts so Wundervolles. Geld und Leben, so viel du dir wünschst! Die beiden Dinge, welche die meisten Menschen allem andern vorziehen würden – das Problem ist, die Menschen haben den Hang, genau das zu wählen, was am schlechtesten für sie ist.«[13] Der wunderbare Stein ist zugleich der Ausdruck für die falsche Richtung der menschlichen Wünsche und das verderbliche Privileg, um das nur vernichtende Konflikte ausbrechen können. Dieses Urteil gilt den Menschen, also den Muggel und den Zauberleuten. In den kapitalen Problemen des Lebens sind alle von der gleichen Not bedrängt. Auf dem Weg der Zauberkunst kann der Tod nicht wirklich besiegt werden, das Heilmittel provoziert selbst noch einmal den Tod, weil es vernichtende Gewaltaktionen auslöst. Aus diesem Grund wird *Voldemort*, der schwarze Magier, zum Symbol der bösen Vergeblichkeit. Das Ziel aller seiner Aktionen ist es, so sein Bekenntnis, den Tod zu besiegen, und er ist auf dem Weg zur Unsterblichkeit am weitesten gegangen.[14] Lord Voldemort steht damit nicht für das Programm einer universalen Erlösung der Menschheit vom Todesschicksal, sondern er sucht nur seine Überlegenheit, er will alle überleben und damit die Macht erlangen, die keine zeitliche Schranke mehr vor sich hat. Das Harry-Potter-Märchen enthält nicht nur an dieser Stelle, aber hier besonders deutlich auch die Kritik an dem, was man das *magische System* nennen kann. Das gilt auch allen Erwartungen, die im Zeitalter der Esoterik an es gerichtet sind. Die religiöse Möglichkeit, aus dieser Aporie herauszufinden, wird nicht genannt und an keiner Stelle in den Gang der Erzählung eingebaut.

Die gruselig schaurige Konstruktion der Figur des Voldemort, auf den der frühe Verrat seines Vaters an Mutter und Kind böse machend gewirkt hat, bleibt ganz im Rahmen der traditionellen Zeichnung schwarzer Zauberer; auch gewisse dämonische Züge gehören dazu. Aber er ist nicht mit dem Teufel der biblischen Tradition gleichzusetzen, denn dieser wird ganz aus dem ausdrücklichen, negativen Bezug zu Gott definiert, er ist gewissermaßen die direkte und eindeutige perverse Spiegelung der göttlichen Wirklichkeit im Bereich der endlichen Wesen. Voldemort agiert nicht in diesem religiösen Zusammenhang.

Harry Potter ist längst ein Opfer des Fluches geworden, den die Begeisterung seiner Fans auf ihn geworfen hat. Der Überdeutungszauber lädt alle Superlative auf ihn ab und macht ihn zu einer Variante des göttlichen Kindes, zum Erlöser, Messias, Zauberer Merlin, Parsifal, König Artus.[15] Wie er sich im Text gibt, ist er ein großer Sportler, der Star – Zauberer auf der guten Seite, ein Abenteurer, der auch als Retter und Helfer auftritt, ein Freund. Ist er auch ein Kind? Dem Alter nach schon, aber über die Tragfähigkeit seiner Jahre hinaus ist er beladen mit viel ideal – moralischer Hausaufgabe. Ein edler junger Held, der ganz nach außen gewendet ist, nach außen kämpft wie ein kommender Terminator. Den dummen Zauber der übereilten Messung wollen wir ihm jedoch nicht antun, als müsste er am Ende des vierten Jahres in Hogwarts schon die zwei Seelen Fausts in seiner Brust haben oder wie Paulus leiden unter der Zerrissenheit seines inneren Menschen, der nicht das Gute tut, das er will, sondern das Böse, das er nicht will. Harry hat noch drei Bände Zeit und kann sich auswachsen, wer weiß in welche Richtung.

Die Geschichte, wie sie einstweilen sich entwickelt hat, bringt dem unmittelbaren Wortlaut nach keine religiöse Botschaft.

Es lohnt sich aber, einen Blick in die

Dritte Schachtel

zu tun, um der Vermutung nachzugehen, es könnte Anspielungen geben, Spiegelungen religiöser Daten, oder wenigstens Verhaltensweisen, die dem Glauben nicht fremd sind. Wie steht es damit?

In allen vier Bänden, die vorliegen, ist am deutlichsten zu vernehmen *das Pathos der kämpferischen Entscheidung*. Die Zauberwelt ist geprägt vom Gegensatz zwischen Gut und Böse, und dieser Gegensatz wird als ein notwendiger Konflikt ausgetragen mit den üblichen Mitteln, aber nicht nach dem vulgären Gesetz der Magie. Zauberei wird von den Harry-Potter-Leuten als komplexes Lernprogramm aufgefasst, denn dazu gehört »viel mehr, als nur mit dem Zauberstab herumzufuchteln und ein paar merkwürdige Worte von sich zu geben«.[16] Vor allem gehört dazu das Ethos der Verantwortung. Die Zauberei der guten Art wird meistens defensiv angewendet, in vielfacher Weise begrenzt und kontrolliert. Gerade weil magische Potenzen in Dingen und Lebewesen kreisen, zauberische Aktionen manchmal von Personen ausgehen, ohne dass sie selbst frei und bewusst handeln. Die wichtigste Grenze ist das moralische Gebot: Zauberei darf nur für das Gute und Nützliche angewendet werden, nicht zum Allotriatreiben und auch nicht zum Raufen. Besonders rigoros wird die Fluchpraxis genormt.[17] Die *unverzeihlichen Flüche*: Avada Kadavra= der tötende Fluch, Imperius= der Fluch vollkommener Unterwerfung, Cruciatus= der Folterfluch, sind bei strenger Strafe verboten. »... wer auch nur einen von ihnen gegen einen Mitmenschen richtet, handelt sich einen lebenslangen Aufenthalt in Askaban ein.«[18] Hier wäre ein Blick auf die Fluchtradition in der christlichen Überlieferung aufschlussreich.[19]

Gegen die Erwartung, im Zauberland drauflos leben zu können, weil eine unfehlbare Mechanik des Erfolgs zur Verfügung steht, mutet die Harry-Potter-Geschichte der Leserschaft die alte Anstrengung zu, den Unterschied zwischen Gut und Böse zu lernen und sich in freier Entscheidung darin zurechtzufinden. Sehr klar sagt das Dumbledore: »*Viel mehr als unsere Fähigkeiten sind es unsere Entscheidungen, Harry, die zeigen, wer wir wirklich sind.*«[20] Das durchbricht die magische Prädestination der energetischen Verbindung und Herkunft, bei den bösen wie bei den guten und den gemischten Figuren. So gehört die erfolgreiche Story zur Sorte der *Verantwortungsmärchen*. Man kann sie nicht dem neuerlichen esoterischen Trend zurechnen, der eine magische Weltsicht fördern will. Sie transportiert vielmehr eine eindrucksvolle Liste der idealen ethischen Motive: Solidarität mit Lebewesen aller Art, mit Kameraden und Freunden, Freundschaft, Fairness, Gerechtigkeit, Wahrhaftigkeit, Kritik an der Bürokratie zugunsten unmittelbarer Kommunikation, Kritik der Medien, der Schule, des Aberglaubens, des Rassismus und der Sklaverei. Vor allem ist zu nennen das zentrale, die Handlung hauptsächlich treibende und leitende Motiv der *Mutterliebe, die sich opfert*. Dumbledore zu Harry: »*Deine Mutter ist gestorben, um dich zu retten. Wenn es etwas gibt, was Voldemort nicht versteht, dann ist es Liebe. Er wusste nicht, dass eine Liebe, die so mächtig ist wie die deiner Mutter zu dir, ihren Stempel hinterlässt. Keine Narbe, kein sichtbares Zeichen ... so tief geliebt worden zu sein, selbst wenn der Mensch, der uns geliebt hat, nicht mehr da ist, wird uns immer ein wenig schützen. Es ist deine bloße Haut, die dich schützt.*«[21] Das ist der Gegenpol zum kalten Machtegoismus Lord Voldemorts, die tragende Tat, die Harry Potter zugleich bewahrend umfängt und in seinem Handeln motiviert. Das Opfer der mütterlichen Liebe kommt noch ein zweites Mal vor, wenn *Barty Crouch* jun. durch seine Mutter vor lebenslangem Kerker in Askaban gerettet wird. Sie stirbt im Gefängnis.

Religiös gestimmte Leser werden an diesem hohen Programm der liebevollen Humanität nicht achtlos vorbeieilen. Nicht nur, weil sie sich erinnern, dass der biblische Glaube ein Gebot der Nächstenliebe kennt, sondern weil die christliche Theologie den Vollzug dieser Liebe als den augenblicklichen Ort ansieht, an dem Gott berührt wird. Im Kampf um das Gute öffnet sich die Welt auf die Urwirklichkeit, aus der alles liebende Wollen und Tun kommt. Unabhängig davon, wie die subjektive Absicht der Autorin sein mag, kann die im Text beschriebene Situation so verstanden werden.

So ernte ich also aus den vielen Seiten der Harry Potter-Bände eine Lesefrucht, die theologische Aufmerksamkeit verdient und zugleich die Geschichte in ihrem Rahmen lässt. Das Sinn-Schema, die leitenden Gedanken, Normen, Ideale, die Aktionen der Figuren sind so gefasst, dass sie weithin in das große Ordnungsgefüge des religiösen Glaubens passen. Der Roman enthält keine neuen aufregenden Impulse oder Gedankenrevolutionen, sondern bringt eher aktualisierende Bestätigung traditioneller Überzeugungen und Normen durchweg aus dem Bereich der Ethik.

Die Erzählerin begnügt sich mit der Einführung des begrenzten Mysteriösen im Zauberland; das Mysterium, warum es dieses Zauberland überhaupt gibt und aus welchem Ursprung heraus es funktioniert, spricht sie nicht an. Sie überlässt es den Lesern, sich mit dieser Frage zu befassen, sollten sie inmitten der Spannung Zeit und Lust dazu haben. Gegen alle Vermutungen, Befürchtungen und Unterstellungen ist aber auch klar zu sagen, dass in der bisherigen Entfaltung der Erzählung keinerlei antireligiöse Tendenz zu bemerken ist. Der Text ist gestaltet wie andere Geschichten auch, etwa die Kriminalromane von George Simenon oder Agatha Christie, in der schlichten Beschränkung auf eine bestimmte Form der Unterhaltung. Darin ist keine negativ urteilende Absicht enthalten. Ich meine aber, man sollte auch andersherum aus dem geglückten Produkt keine metaphysische Tiefenweisheit machen. Das gibt die Story an keiner Stelle her. Es gehört wohl zur Ambivalenz von Leseerlebnissen, dass die vergnügliche Begeisterung sich leicht mit der Bedeutung des Textes verwechselt. Wenn Harry Potter zum Beispiel ein Lehrstück für die indirekte Rede von Gott sein soll, müsste das an der Struktur der Erzählung selbst aufzuweisen sein. Denn direkt wie indirekt geht es im literarischen

Text um sprachliche Ausdrücklichkeit, wenn auch in verschiedener Deutlichkeit.

In der

Vierten Schachtel

finde ich Notizen, in denen von der Gefährlichkeit der Potter-Romane die Rede ist. Es konnte nicht ausbleiben, dass auch die Muttergottes von Medjugorje sich mit einer Rezension zu Wort meldet, wie mir erzählt wurde. Man weiß zwar nicht, ob sie das Werk gelesen hat, kennen wird sie es trotzdem, denn sie beurteilt es sehr strikt als ein Fabrikat des Teufels, der die Jugend zur Zauberei verführen will. Greifbarer ist, was von christlichen Gruppen in England und in den USA berichtet wird. Die Direktorin einer Grundschule in der Nähe Londons soll die Lektüre der erfolgreichen Geschichte verboten haben. Sie behauptet, es geschehe darin eine *Verharmlosung der bösen Geister und der Magie. Die Bibel sei aber sehr entschieden der Meinung, dass Zauberer, Teufel und Dämonen existieren und sehr real und gefährlich sind, und dass Gottes Kinder nichts damit zu tun haben sollten.* In einigen amerikanischen Bundesstaaten dürfen die Harry-Potter-Bände nicht in Schulbibliotheken und öffentlichen Büchereien stehen. Auch die Forderung nach einem Verbot soll schon erhoben worden sein. Das geschieht mit der gleichen Begründung: Harry Potter ist eine antichristliche Figur, weil mit seiner Geschichte der gefährliche Satanismus gefördert wird und die magischen Künste verherrlicht werden. Es kann natürlich sein, dass die Werbung diese Proteste erfunden hat, um den Verkauf zu steigern. Das kann ich jetzt nicht entscheiden, sondern ich will nur auf die Frage eingehen, die damit gestellt ist.
Sind die Harry-Potter-Romane Dokumente des *Satanskultes*?
Bevor ich Ihnen dazu meine Antwort gebe, ist ein kurzer Exkurs zur *Bewertung der Magie* nötig. Zum Begriff habe ich schon Hinweise gegeben, die ich jetzt voraussetze. Für die abendländische Tradition hat der Ausdruck *Magie* drei Bedeutungen:

1. Magie ist die Wissenschaft und Weisheit von den göttlichen Kräften in der geschaffenen Natur (magia naturalis).
2. Magie kommt vor als praktische Nutzung dieses Wissens in Weissagung, Orakel und Zauberei.
3. Magie wird praktiziert als betrügerische und schädigende Zauberei. [22]

Es handelt sich also in der Überlieferung nicht um ein grundsätzlich und vollkommen negativ beurteiltes, sondern um ein komplexes Phänomen.[23] Das gilt auch für die biblischen Schriften, die das magische Handeln mit großer Konsequenz unter das Kriterium des Glaubens an den einen Gott stellen.[24] Überall dort, wo Magie in den zentralen Akt des Gottesverhältnisses einzudringen und dessen gnadenhafte Freiheit zu verdrängen droht, wird scharfe Kritik geübt, besonders im Neuen Testament. Trotzdem bleibt auch die Möglichkeit positiver oder neutraler Wertung bestehen, weil die damalige Kenntnis der dinglichen Kausalität dieses Muster nahe legte oder auch unentbehrlich machte. Das kirchliche Lehramt[25] hält sich in seinen Äußerungen an diese Linie, es spricht abwehrend, ohne grundsätzliche, alle Aspekte erfassende Betrachtung und Einordnung des Phänomens. Das Ziel ist die Wahrung der Freiheit des Glaubens gegen alle Bemächtigungsstrategien, die Verhinderung des Schadens, der angerichtet werden kann, der Kampf gegen den Aberglauben und die Dummheit im religiösen Verhalten. Damit bleibt immer noch offen, ob es nicht auch eine religiös kompatible Form von magischen Handlungen geben kann.

In der heutigen Situation gibt es folgende theologischen Wertungen:[26]
1. Magisches Verhalten wird als Unwahrheit, Irrtum und falsches Bewusstsein angesehen, weil es der menschlichen Vernunft und dem modernen Weltverständnis widerspricht.
2. Magie gilt als eine Äußerung der satanischen Unheimlichkeit, weil sie allein vom Teufel erfunden und verursacht ist. Wer sich damit befasst, liefert sich den teuflischen Mächten aus. (Teufelspakt)
3. Im biblischen Schöpfungsglauben hat nicht nur die naturwissenschaftliche Sicht der Kausalität Platz, sondern auch die

magische. Vielleicht ist das Weltwissen durch die moderne Technik nicht völlig ausgeschöpft und es bleibt immer noch diese andere Seite.
In der Magie wie in der Technik kommt es auf den rechten Gebrauch an. Nützlichkeit und Gefährlichkeit ergeben sich aus verantwortlichem Handeln.

Dieser Zusammenhang hilft wenigstens teilweise, eine halbwegs deutliche Antwort auf die eben gestellte Frage zu finden. Magie ist keine von vornherein böse, teuflische Sache und wer sie in irgendeiner Weise zum Thema macht, wie das in der Geschichte um Harry Potter geschieht, ist nicht schon deshalb des Teufels. Es gibt auch die Möglichkeit eines nicht-teuflischen Umgangs damit. Natürlich kann diskutiert werden, ob es unter den Bedingungen der heutigen Naturkenntnis noch plausibel ist, das praktische oder theoretische Interesse auf Magie zu richten.
Wichtiger ist die Möglichkeit, das gesamte Potential der Magie als ästhetisches Mittel der unterhaltsamen literarischen Darstellung zu verwenden. Das geschieht in der Harry-Potter-Story in sehr konsequenter Weise. Dabei neutralisiert die Autorin alle inhaltlichen Motive und unterwirft sie einer gezielten Stilisierung. Die Kontrahenten Gott und Teufel treten nicht auf, auch nicht in einer Verkleidung oder irgendeiner mysteriösen Metapher, nur das magische Schema wird verwendet. Die Erzählerin mischt eine hohe Dosis Ironie und manchmal unverblümte Satire in ihre Inszenierung der magischen Welt, – denken Sie an die grotesken Totengeister oder an die Professorin der Wahrsagerei. Vor allem aber verkündet Rowling keine metaphysische Alternative, sondern benützt das Magische als literarische Bühne, auf der sie viele schöne moralische Maximen vorträgt. Sie macht, recht schlicht gesagt, human orientierte Aufklärung. Daher ist auch der Vorwurf unsinnig, sie befasse sich unangemessen mit Zauberern, Teufeln und Dämonen. Denn sie bedient sich nur und wählt im reich gefüllten Laden der Tradition, und das kann ihr niemand übel nehmen.
Die Religionen sind mit ihrem gesamten Material an Gestalten, Zeichen und Szenen immer auch eine öffentliche Angelegenheit, die öffentlich benützt werden kann, sehr variabel und oft anders,

als es in der geraden Intention der Texte liegen mag. Wer könnte zudem übersehen, dass Dichtung, das fiktive Moment, in der Artikulation des religiösen Glauben selbst seinen Platz hat? Der ungeheure Raum Gottes öffnet sich, verlockt und reißt hin und entbindet die Phantasie. Die Bibel hat große Dichtungen wie Dantes *Divina Comedia* oder John Miltons *Paradise Lost* nicht verhindert und es liegt auch nicht in ihrem Sinn, sie zu verbieten, obwohl die Kunst mit dem Kapital der religiösen Überlieferung kräftig und eigenwillig umgeht. So lässt sie auch den Weg für kleinere Geschichten frei.

Der moderne *Satanismus*[27] besteht in der Anbetung und Verehrung, die der Gestalt entgegengebracht wird, welche in der Bibel *Satan* heißt, sei es von Einzelpersonen oder von organisierten Gruppen. Kultische Akte dieser Art gibt es in Hogwarts nicht, auch keine Suggestion dazu; die Tendenz der Erzählung und ihre Struktur stehen vielmehr ganz dagegen. Das übliche satanische Personal, das dazugehörige Ritual fehlen völlig. Voldemort ist, wie schon gesagt, nicht der Teufel, auch kein wirklicher Dämon, sondern als schwarzer Magier ein sehr böser Mensch. Satanistischer Aberglaube ist gerade deshalb gefährlich und schon oft kriminell geworden, weil er starke Metaphern für zügelloses und normfreies Leben liefert. In den bisher erschienen vier Bänden gibt es davon nicht bloß keine Spur, sondern die im Text erkennbare Absicht macht eine satanistische Interpretation unmöglich. Ich erinnere Sie an das, was ich zu den ethischen Grundsätzen gesagt habe.

Der Muttergottes von Medjugorje ist, mit Verlaub gesagt, zu raten, sie möge sich einmal auf dem heutigen Videomarkt umsehen. Dort wird sie reichlich Objekte für ihren Zorn finden: den Kitsch der Gewalt, der Grausamkeit und des Horrors. Den Harry Potter sollte sie gewähren lassen, wenn sie ihn schon nicht streicheln will. Er ist nicht das Christkind, aber vieles, was ihn an menschlichen Gefühlen antreibt, ist bei diesem zu finden, zum Beispiel die Nächstenliebe, gewiss eine kostbare Sache. Im übrigen ist es ein sehr übles Stück schwarzer Magie, Bücher zu verdammen, die man nicht gelesen hat.

In der

Fünften Schachtel

liegt nur ein Zettel mit der kurzen Fassung der Sätze, in denen sich mein Lese- Eindruck niedergeschlagen hat.
1. Die Erzählung um den Jungen Harry Potter von *Joanne K. Rowling* bringt in den vier erschienenen Bänden keine religiöse Botschaft, sie enthält auch keine antireligiöse Tendenz. Weltanschauliche Grundsatzfragen werden nicht erörtert.
2. Das bedeutet nicht, dass die ethische Orientierung neutral oder beliebig ist. Harry Potter und seine Freunde stehen für ein hohes Programm verantwortlicher Humanität. Mit dem Grundsatz der Entscheidung zwischen Gut und Böse sind ideale Motive verbunden wie Mutterliebe, Freundschaft, Fairness, Gerechtigkeit, Treue, Bildungswilligkeit, Solidarität, Tapferkeit, Einsatzbereitschaft. Das ist mit vielen Glaubensüberzeugungen, jedenfalls auch mit der biblischen Religion kompatibel.
3. Magie (Zauberei) heißt im allgemeinen Sinn: An die Stelle frei gewollter und frei wirkender Handlungen tritt die zwingende Aktion, und die daraus fließende Automatik garantiert, dass gewünschte Ziele, seien sie sakraler oder profaner Art, mit Sicherheit erreicht werden. Man kann drei Funktionen unterscheiden, in denen Magie erscheint. Erstens die *theurgische* (= *götterzwingende*) Funktion, in der die Magie das totale Prinzip des profanen und des religiösen Verhaltens ist. Zweitens die *theozentrische* (=gottbezogene) Zuordnung, in der Magie eine regionale, auf die Weltdinge begrenzte Bedeutung haben kann (Bibel, Islam), während sie für das Verhalten zu Gott ausgeschlossen wird. Drittens erscheint Magie für sich genommen, gelöst aus religiösen Zusammenhängen, als *profane Spielform* des Umgangs mit der Welt, als alte Variante des technischen Handelns.
4. Harry Potters Zauberei gehört zu dieser dritten Art, ist als literarische Form zu verstehen, nicht als realistische Alternative zur Religion: Sie ist ein distanziert und ironisch gebrauchtes Mittel, um ein unterhaltsames Kontrastbild zur modernen digitalen Fortschrittswelt zu schaffen.
5. Satanismus / Satanskult (=Verehrung des in der Bibel so genannten Teufels) kommt in keiner Form vor, wird auch nicht indirekt

begünstigt. Das unter 2. skizzierte ethische Programm steht strikt dagegen.
6. Mit dieser elementaren ethischen Orientierung ermöglichen die Harry-Potter-Romane auch einer religiös interessierten Leserschaft Identifizierung und Zustimmung. Offen bleibt die Frage nach dem religiösen Fundament der sittlichen Ideale.
7. Die bewunderte Harry-Potter-Welt bietet freilich auch den Kitsch des ungeheuer vollgeräumten Lebens, das dem Dauertumult ausgeliefert ist. Die Erzählerin mag ihre Story gut geplant haben, so wie sie diese auch mit virtuosem Charme erzählt. Eines hat sie bewusst ausgeschlossen oder vergessen: Es gibt keine ruhigen Leerstellen, keine Wüste, keine Pause, keine Zumutung der ereignislosen Zeit. Wäre die Häufung der Aktionen nicht auch ein würdiger Gegenstand der Ironie?
8. Die Begeisterung über die neuerliche Lesemanie vieler Kinder provoziert den Zweifel, ob die Besinnungslosigkeit mit Büchern besser ist als Besinnungslosigkeit am Computer.
9. Vielleicht verzaubert diese Geschichte wenigstens einen Teil ihrer Leserschaft zu der realistischen Neugier auf andere Bücher, die es an Spannung und Qualität mit Harry Potter gewiss aufnehmen können.

Anmerkungen

1 Zitiert wird nach der deutschen Ausgabe Bd. I–IV Hamburg 1998ff
2 A. Gehlen, Anthropologische Forschung. Zur Selbstbegegnung und Selbstentdeckung des Menschen. Reinbeck bei Hamburg 1961, 96–97; ders.: Urmensch und Spätkultur. Frankfurt/M 1975^3, cap 43–45
3 K. Hübner, Die Wahrheit des Mythos. München 1986, 346
4 Ex 7, 8–12; vgl. die Märchen aus *Tausendundeiner Nacht* in der isalmischen Tradition
5 IV, 665
6 IV, 431f
7 I, 128
8 Vgl. Theologische Realenzyklopädie (TRE) Berlin 1977ff. 2, 195–226
9 Vgl. Das ABC rund um Harry Potter. Ein Lexikon von F. Schneidewind, Berlin 2000
10 Vgl. I, 227–228
11 I, 323.327
12 III, 440

13 I, 323
14 IV, 682f
15 vgl. Schneidewind, Lexikon 268–270
16 I, 147
17 IV, 220–239
18 IV, 228
19 Vgl. G. Bachl, Über den Tod und das Leben danach. Graz 1980, 219–240
20 II, 343
21 I, 324
22 TRE 21, 696
23 TRE 21, 695–701; Historisches Wörterbuch der Philosophie (HWPH) Darmstadt 1971ff. 5, 631–636
24 TRE 21, 691–695; Lexikon für Theologie und Kirche (LThK[3]) Freiburg/Br 1993ff. 6, 1187–1188; Kl. Berger, Theologiegeschichte des Urchristentums. Tübingen 1995[2], 59. 180–183. 737
25 H. Denzinger, Kompendium der Glaubensbekenntnisse und kirchlichen Lehrentscheidungen, hg. von P. Hünermann Freiburg/Br 1991[37] Nr 205; 283; 459–460; 1859; 2823–2825, 3642
26 TRE 21, 701–702
27 LThK[3] 9, 80–81; H. Haag, Teufelsglaube. Tübingen 1974, 490–501

Wie Harry Potter in die Katholische Akademie kam und warum er dorthin gehört

Beobachtungen eines lesenden Pfarrers

FLORIAN SCHULLER

Angefangen hatte es schon beim Anfang. Die komisch-tragische Situation Harrys in der Familie der Dursleys kam mir bekannt vor, sein Leben im Schrank unter der Treppe. Gottseidank nicht aus eigenem Erleben, sondern als Erinnerung an eine leicht abstruse und kaum bekannte Heiligenlegende – die des heiligen Alexius. Auf dem Aventin in Rom kann man in der Kirche, die diesem Heiligen geweiht ist, einen ganzen Zyklus mit Wandbildern bestaunen, die dessen Lebensschicksal schildern: Als Pilger kommt er in sein Heimathaus zurück, wird von den Eltern nicht erkannt, lebt 17 Jahre als bespötteter Bettler unter der Treppe und offenbart sich erst beim Sterben den bestürzten Eltern. Der unbekannte und verkannte Sohn im Winkel der Treppe des eigenen Hauses – die Wahrscheinlichkeit ist sehr groß, dass Joanne K. Rowling um diese Geschichte nicht wußte, als sie den ersten Harry-Potter-Band niederschrieb.

Und doch stellen sich beim Lesen immer wieder Parallelen ein, erfreut man sich an Déjà-vu-Eindrücken. Was ist denn am Ende des zweiten Bandes der Schwertkampf gegen die Basiliskenschlange anderes als der Kampf des Retters Georg gegen den todbringenden Drachen?

Erste Beobachtung: Aktualität von Legenden

Um aber gleich einem Verdacht zu begegnen, der sich bei solchen Sätzen fast selbstverständlicherweise einschleichen könnte: Ich will weder die Autorin noch ihren Helden und seine Taten christlicherseits vereinnahmen, frei nach dem Motto, im Grunde seien das alles nur verkappte christliche Themen, Motive, Botschaften. Das sind sie zunächst nicht, bzw. als solche sind sie nicht angelegt, und es wäre unfair, darüber hinweg zu sehen.

Sehr wohl aber vermute ich, dass einen nicht geringen Anteil am Erfolg Harry Potters genau jene fast archetypischen Muster liefern, die Situationen, Entscheidungszwänge und Lösungsmöglichkeiten präsentieren, wie sie jeder Mensch, ob jung oder erwachsen, zu bestehen hat. So verdankt sich auch Otfried Preußlers Buch über den Zauberlehrling »Krabat« als ein Beispiel von tausend anderen solchen Strukturen.

In dem aber, was viele der uralten Heiligenlegenden mit ihren zugegeben manchmal etwas seltsam anmutenden Erzählungen weitertransportieren, geht es zunächst noch vor aller direkten Glaubensbotschaft um Lebensbewältigung, geht es um Einfluss und Macht, Liebe und Vertrauen, Radikalität und Treue; mit einem abgegriffenen Wort gesprochen – es geht um die Suche nach dem Sinn, um die Antwort auf die Frage, was ich in und mit meinem Leben tun und werden soll. Wie sich der böse Gewaltmensch Reprobus zu dem Christenmenschen schlechthin, dem »Christusträger« Christophorus wandelt, bringt eine Wahrheit in die Form der Erzählung, die unübertreffbar formuliert, wie Lebenssinn im konkreten Tun wirklich wird.

Jammerschade, dass bei der letzten katholischen Liturgiereform die Verehrung der Heiligen an ihre historische Faktizität gebunden wurde. So heißt es jetzt modern-aufgeklärt im Messbuch unter dem Datum 24. Juli: »Über das Leben des Märtyrers Christophorus ist nicht viel bekannt. Aus seinem Namen hat sich die Legende entwickelt, er habe auf seinen Schultern das Jesuskind über einen Fluß getragen.« Haupt- und Nebensache sind hier vertauscht. Denn die Hauptsache ist nicht sein Leben als Märtyrer, worauf auch die Lesungen der entsprechenden Messe Bezug nehmen –

das hat er mit Millionen von Glaubenszeugen gemeinsam –, sondern eben die in seine Legende geronnene christliche Lebensweisheit. Wenn man sich deren Wirkungsgeschichte in Kunst und Selbstverständnis vieler Jahrhunderte vergegenwärtigt, darf man sie ohne Bedenken zu den »großen Erzählungen« europäischer Geschichte zählen. Nicht nur die auf uns gekommenen überlebensgroßen Wandfresken bezeugen dies.

Heiligenlegenden aber sind heute nicht einmal mehr im Kernbestand des katholischen Milieus präsent, sie gelten wohl als intellektuell degoutant. Harry Potters Faszination kann uns eines Besseren belehren. Plakativ vereinfacht, die Kräfte des Guten und Bösen drastisch überhöhend, mit einem Schuß Ironie, manchmal sogar Sarkasmus gewürzt, spannend erzählt und selbstbewusst vorgebracht – erweisen sich Legenden auch heute als attraktiv. Man muss sich nur trauen, sie vorzutragen. Ermutigung also, uns des eigenen christlichen Erzählschatzes zu erinnern.

Zweite Beobachtung: Christliches Traditionsgut recycelt

Schon die Namen der Akteure sprechen Bände. Auch vorsichtig geurteilt, kann schlicht und einfach nicht von der Hand gewiesen werden, dass es trotz aller Distanz der bewussten Parallelen zum klassisch-christlichen Figurenreichtum doch etliche sind. Um nur auf ganz wenige Beispiele hinzuweisen:

Albus Dumbledore, der große Weise, der natürlich »albus«, »weiß« sein muss, und sein Begleittier, der nach der Legende aus der Asche auferstehende Phönix, dessen Tränen heilen (im fünften Band wird er ja eine besondere Rolle zu spielen haben).

Malfoy, Harrys negativer Gegenspieler als der »schlechte Glaube« in seiner jungen Form als »Draco«, als Drache (das Buch der Offenbarung des Johannes lässt grüßen) und in der Seniorenform als »Lucius«, als »Lucifer«, gefallener Engel. Logischerweise müsste Harry demnach im Kontext »guter Glaube« angesiedelt werden ...

Harry Potter klingt zwar romantischer als »Heinz Töpfer«, aber letztlich steckt wohl das alte Bild vom Ton und Töpfer dahinter, als

Symbol der Lebensgestaltung mit all ihren Möglichkeiten und Gefährdungen; biblischen Beleg kann da das alttestamentliche Buch Jesus Sirach liefern: »Ebenso der Töpfer, der vor seiner Arbeit sitzt und mit seinen Füßen die Scheibe dreht, der mit dem Arm den Ton knetet und ihm mit den Füßen die Zähigkeit nimmt, der seinen Sinn auf die Vollendung der Glasur richtet und darauf bedacht ist, den Ofen richtig zu erhitzen.« (Jes Sir 38, 29)

Einen *Patronus* in Momenten höchster Gefahr herbeizurufen, ist für einen Katholiken klassischer Prägung selbstverständlich. Das hat er mit einem himmlischen Schutzpatron oder seinem Namensheiligen immer schon getan. Dazu braucht er mit Sicherheit nicht die Erfahrung Harry Potters. Aber dessen Tun unterstützt ihn doch zumindest ein wenig in seiner nicht gerade unangefochtenen Sicherheit, fortschrittlicher als die angeblich Fortschrittlichen zu sein, die solches schon längst hinter sich gelassen haben. Auch der Opfertod der Mutter aus Liebe, die Harry einen Schutz verleiht, der dem Herrn des Todes widersteht, ist ja nicht unbedingt widerchristliches Gedankengut. Genauso wenig wie das Zeichen auf der Stirn, das ihn ausweist. Wie war das doch gleich wieder mit dem biblischen Tau-Zeichen?

Oder die *Dementoren*, die Wächter des Gefängnisses *Askaban*. Ihr Kuss raubt die Seele, und was dann bleibt, ist schlimmer als der Tod, eine leere Hülle ohne jede Empfindung. Ist es denn völlig verkehrt, dabei auch an Mt 10, 28 zu denken: »Fürchtet euch nicht vor denen, die den Leib töten, die Seele aber nicht töten können, sondern fürchtet euch vor dem, der Seele und Leib ins Verderben der Hölle stürzen kann«?

Am anderen Ende der Beliebtheitsskala steht das von der Autorin für Harry Potter wiederbelebte Einhorn. Es war einmal eines der stärksten Symbole der Jungfräulichkeit Marias. So hatten in Zeiten selbstgewissen Christentums vor allem antike Mythen eine große Rolle gespielt und Identifikationsmuster angeboten, um christliche Lebens- und Glaubenserfahrungen auszudrücken. Da schrieb ein Papst wie der große Urban VIII. Barberini formvollendete Sonette an den Gott Apoll und trieb gleichzeitig die Gegenreformation voran.

Wenn all dem so ist, wird es höchste Zeit, dass Christen anfangen, darüber nachzudenken, was da passiert – nicht mit dem Aufschrei »die hat uns unsre Themen geklaut und profaniert«, sondern mit Staunen, wie alte Themen, auf alte Weise als Lese-Buch vorgebracht, neu wirken, und in Nachdenklichkeit darüber, dass aus einem kulturellen Ghetto heraus es schwierig sein wird, die alte, bleibende Wahrheit neu zu verkündigen.

Dritte Beobachtung: Lebensweisheiten, eingängig angeboten

Der Neid des Predigers muss es der Autorin Joanne K. Rowling lassen: Sie versteht es, sowohl in Bildern wie in direkten Aussagen Lebensweisheiten weiterzugeben, die man vielleicht als plakativ bezeichnen könnte, die aber nichtsdestoweniger hilfreich sein können, das Leben, kompliziert, wie es sich nun einmal präsentiert, ein Stück weit besser zu verstehen und zu bestehen. Wir professionelle Verkündiger haben uns ja selbst auch unter den gleichen Anspruch gestellt, verwickeln uns aber normalerweise in so hohe theologische und ethische Gefilde, dass wir kaum mehr an den Mann und die Frau und das Kind bringen, was wir für wichtig halten. In unserer Hilflosigkeit zitieren wir dann immer den gleichen »Kleinen Prinzen« des Antoine de Saint-Exupéry herbei und seine Einsicht, nur mit dem Herzen sehe man gut, seine Rose, um die er sich sorgt, und den Fuchs, der ihn aufklärt. In den Geschichten Harry Potters wird das alles sehr viel anschaulicher und unmittelbarer.

Wer zum Beispiel einmal in Band 1 vom *Spiegel Nerhegeb* gelesen hat, wird diesen nicht mehr vergessen. Er zeigt – spiegelbildlich umschrieben – »nicht dein Antlitz, aber dein Herzbegehren«. Im schon zitierten Buch Jesus Sirach (5, 2) heißt es ganz ähnlich: »Folg nicht deinem Herzen und deinen Augen, um nach dem Begehren deiner Seele zu leben.«

Vor allem aber sind es in der stets gleichen Dramaturgie der Harry-Potter-Bände die Erläuterungen des Internatsleiters *Dumbledore,* wenn er nach dem dramatischen Finale jedes Schuljahres dem jungen Harry auseinandersetzt, was zu lernen sei aus dem eben überstandenen dramatischen Kampf auf Leben und Tod. Das wirkt dann manchmal etwas aufgesetzt pädagogisch-altvordern-oberlehrerhaft, aber doch durchtränkt von stimmiger Lebensweisheit. »Nenn die Dinge immer beim richtigen Namen. Die Angst vor einem Namen steigert nur die Angst vor der Sache selbst«, heißt es da in Erinnerung an das allgemeine Erschrecken, den Namen von *Lord Voldemort* überhaupt in den Mund zu nehmen.

Und die wachsende Erkenntnis des jungen Harry, fast genetisch bzw. anlagebedingt seinem großen Widersacher *Voldemort* mehr zu ähneln, als beiden lieb ist, sogar mit Zauberstäben aus gleichem Material ausgestattet zu sein, führt ihn zur Einsicht in die Herausforderung, dass in unabdingbarer Verantwortung aus den eigenen Anlagen heraus das zu gestalten sei, was einem als das Gute aufleuchtet. Diese pädagogische Botschaft kann zweifellos als das grundlegende Erziehungsprogramm im Bildungsroman Harry Potter angesehen werden.

Kaspar Spinner entfaltet mit seinem Beitrag im Einzelnen die tiefenpsychologischen und lesepsychologischen Gründe, warum solche Suche nach der eigenen Identität junge wie erwachsene Leser zu faszinieren vermag.

Vierte Beobachtung: Strukturelle Diskursähnlichkeiten

Die Märznummer 2001 von »Einsicht. Credo ut intelligam. Römisch-Katholische Zeitschrift« des Freundeskreises der Una Voce e.V. hat mir anlässlich einer Besprechung der Zeitungsnotizen über unsere Akademietagung die Ehre zuteil werden lassen, den Pfarrer Schuller als »mediengewandten Modernisten« zu bezeichnen, und sogar die Vermutung ausgesprochen, ich würde gerne Okkultisten predigen, weil ich in einem Interview meinte, aus fast jeder Seite der Harry-Potter-Bücher eine Anregung für Predigten gewinnen zu können. Vor Okkultisten, soweit ich mich erinnere, habe ich bisher zwar noch nie gepredigt, sonst aber in einem langen Pfarrerleben schon sehr viel vor ganz normalen großen und kleinen Christen. Was ich dabei immer als die größte Herausforderung empfand, war genau jene Schwierigkeit, die Harry erlebt, als er erstmals in King´s Cross Station den Hogwarts Express besteigen soll. Der fährt auf Bahnsteig 9¾ ab, und einen solchen gibt es bekanntlich auf keinem Bahnhof der normalen Welt. Aber man kommt zu ihm, wenn man auf die Sperre zwischen Gleis 9 und Gleis 10 konsequent zugeht und einfach das geschlossene Gitter durchschreitet; mit einem Nu ist man in der anderen Dimension der gleichen einen menschlichen Wirklichkeit, die Zauberwelt und Muggelwelt umfaßt.

Irgendwie scheint es mit der Verkündigung christlicher Botschaft das Gleiche zu sein: Es gilt, genau jene Stelle zu finden, in der sich die eindimensionale Alltagswirklichkeit öffnet und umschlägt in die größere Weite, die eine Ahnung anderer Dimension des Lebens deutlich werden lässt. Oder um an ein fast schon protophilosophisches Gespräch im vierten Band zwischen Hermine, Ron und Harry zu erinnern: Da antwortet – natürlich, wer könnte es anders sein – die siebengescheite *Hermine* auf die Frage, was die Muggels sehen, wenn sie in die Nähe des Internats *Hogwarts* kommen, mit der schlichten Feststellung, das werde wohl eine alte, verfallene Schlossruine sein, die nichts ahnen lasse vom Leben, das in ihr herrscht. Kirchenmann der ich bin, durchfuhr mich da der Gedanke an eine ganz ähnliche Parallele: Was mir so wichtig ist und so voller Leben, viel schöner, reicher und beglückender als die meistens langweilige Alltagswelt, das scheint den meisten meiner Zeitgenossinnen und Zeitgenossen nur eine alte Ruine zu sein, das verfallende Gebäude der Kirche.

Keine Angst, hier soll weder eine Predigt- noch eine Kirchenlehre auf potterschen Fundamenten errichtet werden. Aber auf Strukturähnlichkeiten im Reden von der Wirklichkeit, die es zu bestehen gilt, darf vorsichtig hingewiesen werden. Solche Ähnlichkeiten entgehen allerdings denen, deren deutende Einteilung der Welt sich so verfestigt hat, dass sie gar nicht mehr bemerken, wie sie den eigenen, selbstdefinierten Teil für das Ganze halten.

Fünfte Beobachtung: Kein Teufelswerk

Wie Gottfried Bachl überzeugend aufschlüsselt, gibt es bei Harry Potter keine unmittelbare religiöse Dimension, weder direkt in Bildern und Themen, noch indirekt, insofern die Zauberwelt so etwas wie eine himmlische Alternative zur normalen Welt wäre. Die Zauberwelt Harrys ist nicht das jenseitige Paradies, aber auch nicht die Hölle. Sie stellt vielmehr eine weitere Dimension neben, nicht über oder unter »unserer« Wirklichkeit dar und versteht sich auch nicht als Ort religiöser Ersatzprojektionen. Jede auch nur leiseste Andeutung einer Substitution Gottes oder himmlischer Mächte (wie auch dämonischer Widersacher) durch ein neu ersonnenes eigenes Personal wird strikt vermieden.

Deshalb ist auch der Vorwurf so absurd wie irrwitzig, die Autorin strebe einen Ersatz des Retters Jesus Christus durch Harry Potter an. Selbsternannte Lordsiegelbewahrer in einschlägigen christlichen Kreisen begründen diese Perversität mit einem angeblichen Times-Interview Joanne K. Rowlings, das diese nie gegeben hat. Vielmehr handelt es sich beim entsprechenden Text um eine Persiflage aus dem amerikanischen Onlinemagazin »The onion«, das die weltweit grassierende Potter-Manie auf seine nicht sehr vornehme Schippe nimmt. Irgendein besorgter Mitmensch stieß auf diesen Text und hat ihn leider wortwörtlich verstanden bzw. radikal missverstanden; seitdem kursiert er in der immer gleichen Kopie als Bericht der schweizerischen »Aargauer Zeitung« durch die kirchlichen Lande und kann auch durch Hinweis auf die Fakten nicht erschüttert werden. So wurde mir zum Beispiel in oben genannter Zeitschrift mit verblüffender Schlichtheit entgegengehalten: »Daß Herr Schuller eine Passage in der Times nicht findet, heißt nicht, daß es diese nicht gibt«, und auch wenn das Zitat wirklich nicht von ihr stammte, »würde es ganz einfach zu einer Autorin passen, die im Kapitel ›Die Todesser‹ (von Band IV, F.S.) auf gotteslästerliche Weise die Schöpfung pervertiert«.

Demgegenüber will ich meinen eigenen Eindruck klar formulieren: Die Zauberer- und Hexenwelt Harrys hat nichts mit den widergöttlichen Kräften und Mächten zu tun, die nach biblischem Weltverständnis die Menschen von Gott trennen wollen, von denen aber schon Paulus im Römerbrief wußte: »Weder Engel noch Mächte, weder Gegenwärtiges noch Zukünftiges, weder Gewalten der Höhe oder Tiefe noch irgendeine andere Kreatur können uns scheiden von der Liebe Gottes.« Den auf Dämonen, Hexen, Teufel, Zaubermächte fixierten und besorgten Christen kann zur Erlangung von begründeter Gelassenheit der theologische Klassiker Heinrich Schliers über »Mächte und Gewalten im Neuen Testament« immer noch und erneut wärmstens empfohlen werden.

Vielmehr bildet das Internat von Hogwarts und seine eigengesetzliche Wirklichkeit nur die verfremdende, ins Exotische verschobene Folie, vor der allgemeine menschliche Erfahrungen im Prozeß des Erwachsenwerdens und des verantwortlichen Umgangs mit Anderen und der Welt um so deutlicher werden können – ein allgemeines Gesetz der Literatur. Wer aus der Angst heraus, Kinder würden durch die Lektüre der Harry-Potter-Bücher zu praktizierenden Okkultisten verbildet, diese verbieten möchte, müsste eigentlich das Gleiche zum Beispiel mit den Bänden Karl Mays tun – in Parallele gesehen, bestünde da auch die Gefahr, dass all die Kleinen und Großen nun wie weiland Old Shatterhand sich vor allem mit bewußtseinstötenden Schlägen an die Schläfe Recht verschaffen.

Sechste Beobachtung: Religion indirekt

Und doch haben die Harry-Potter-Bücher etwas mit Religion zu tun, wenn auch indirekt, aber nicht unerheblich. Im Januar 2001, als unsere Münchner Tagung stattfand, erschien fast zeitgleich in der Zeitschrift »Geist und Leben« ein Artikel von Otto Betz mit dem Titel »Die Nachtigall in der Kirche. Über die religiöse Dimension der Volksmärchen«. Ohne jetzt literaturtheoretische Differenzierungen zwischen Märchen, Legende oder allgemeiner fiction story vornehmen zu wollen, wie sie Dieter Petzold aus gutem Grund in seinem Referat angeht, um so den unterschiedlichen Wirkungs- und Sichtweisen der Bücher Joanne K. Rowlings nahe zu kommen, oder die überbordende Bibliographie zum Thema

Märchen auch nur anfanghaft aufarbeiten zu wollen, soll doch das, was Otto Betz zur religiösen Dimension der Volksmärchen darlegte, mit ein paar Anmerkungen auf Harry Potter bezogen werden.

Schon sein Ausgangspunkt stimmt wohl. Betz formuliert ihn mit einem Satz Simone Weils: »Das Christentum spricht zuviel von den heiligen Dingen.« So sind unsere Kirchen und Häuser tatsächlich »randvoll von Lehre und Gebet«, wie es in einer Legende vom Baalschem heiße, der deshalb in ein Bethaus nicht habe eintreten wollen. Angesichts des scheinbaren Verstummens der Gottesfrage in der Gesellschaft drängt es uns Christen um so mehr, Zeugnis zu geben; aber vielleicht besteht dabei die Gefahr, Quantität mit Qualität zu verwechseln. Da täte es gut, sich manchmal auf das zu besinnen, was Betz mit einem Begriff von Theoderich Kampmann den »adventlichen Vorhof des Evangeliums« nennt, in dem von Gott nicht direkt die Rede ist, sehr wohl aber von den Zusammenhängen, innerhalb derer erst die Rede von Gott und sein Bezeugen ihren Sinn erhalten.

So gehe es bei den Märchen – und bei Harry Potter genauso, fügen wir hinzu – »um den Menschen und sein Geschick, wie er seinen Weg finden kann, wie er gefördert und gehemmt wird, welche Gefahren ihm drohen und welche Zielgestalt ihm vor Augen steht«. Es geht um die Welt als Ort der Bewährung und der Prüfung, um die Größe der Verantwortung wie die Gefährdung durch die Maßlosigkeit seiner Wünsche; es geht häufig paradigmatisch um den Reifeweg eines »Erwählten« und um Initiationsriten an der Schwelle zur Welt der Erwachsenen.

Die religiöse Dimension und Bedeutung solcher Erzählungen liegt nun laut Otto Betz nicht darin, »dass in manchen Geschichten von Gott die Rede ist oder dass darin Kirchen vorkommen oder ein Pfarrer auftritt«, sondern in der Sprache der Bilder und Symbole selbst. Betz zitiert Erhart Kästner, den zu Unrecht Vergessenen: »Bilder sind das einzige, wodurch das Unfaßbare zu uns spricht, nur durch Bilder schlüpft es in uns hinein.« Märchen also als ein Lernweg zum Verständnis religiöser Sprache. Festzuhalten bleibt: Ohne Bilder und Symbole verkommt theologische Sprache zu rechthaberischer Ideologie; aber ohne Theologie verflachen Bilder

und Symbole auch zu beliebig austauschbaren Illustrationen von Unverbindlichkeiten.
Schon die alten Kirchenväter verstanden den Begriff »katholisch« nicht als ausgrenzend, sondern als integrierend – als den Auftrag, in gläubiger, souveräner Weite die indirekten Bezeugungen Gottes außerhalb des direkten Wortes ernst zu nehmen und aufzunehmen. Otto Betz schließt: »Der Gott der Offenbarung wird sich im Märchen nicht finden lassen, aber vielleicht der ›verborgene Gott‹, der sich überall – wenn auch unter Chiffren – zu Wort meldet.« Dass dieses »Vielleicht« bei Harry Potter vielleicht auch zutreffen könnte, dies, aber nicht nur dies, rechtfertigt mehr als genug, dass er ins Haus der Katholischen Akademie kam.

Nachtrag: Harry Potter am Scheideweg

Zwei kurze Abschlussbemerkungen auf Zukunft hin:
Erstens, Harry Potters Filmvermarktung hat begonnen. Die Schwemme der in Hollywood von Warner Bros. initiierten weltweit exklusiv fixierten bildlichen Darstellung aller Figuren in Film und Spielwaren wird, so steht zu befürchten, den Zauber vertreiben, der ungeachtet alles buchhändlerischen Marketings über Harry und seiner Welt schwebt. Denn die bildliche Eindeutigkeit schwächt die Kraft des Symbols. Und die Autorin Joanne K. Rowling müsste wohl die abgeklärte Altersweisheit eines Albus Dumbledore besitzen, um den finanziellen Verlockungen zu widerstehen, mit Zusatzprodukten verschiedenster Art noch mehr Geld aus der Begeisterung um Harry Potter zu ziehen, diesen damit aber gleichzeitig auch in seiner verzaubernden und bezaubernden Kraft zu demontieren. Da Dumbledore ein Phantasieprodukt ist, wird das Gleiche leider wohl auch diese Hoffnung sein.
Zweitens, laut Agenturmeldungen soll das letzte Kapitel des abschließenden siebten Bandes bereits im Tresor einer Bank liegen. Wenn sich der theologisch geprägte Leser das Ende von Harrys Schulzeit und den Beginn seines Erwachsenenlebens ausmalt und danach fragt, wie es wohl mit ihm und Lord Voldemort weitergehen werde, kann es eigentlich vom fast gnostisch konstruierten